기독교 상담 윤리 규정

저자 American Association of Christian Counselors
역자 김재덕

AACC Code of Ethics:

*The Y2004 Final Code Developed
and Drafted by the AACC Law
and Ethics Committee*

생명의말씀사

AACC Code of Ethics.

Original edition Copyright 2012, American Association of Christian Counselors.
Reprinted with permission.

본 저작물의 한국어판 저작권은 김재덕에게 있습니다.
저작권법에 의하여 보호받는 저작물이므로 무단 복제, 전재, 발췌를 금합니다.

기독교 상담 윤리 규정

2012년 8월 5일 1판 1쇄 발행

펴낸이 | 김창영
펴낸곳 | 생명의말씀사

등록 | 1962. 1. 10. No.300-1962-1
주소 | 서울 종로구 송월동 32-43(110-101)
전화 | 02)738-6555(본사) · 02)3159-7979(영업)
팩스 | 02)739-3824(본사) · 080-022-8585(영업)

지은이 | American Association of Christian Counselors
역자 | 김재덕

기획편집 | 유선영
디자인 | 북커뮤니케이션
인쇄 | 예원프린팅
제본 | 정문바인텍

ISBN 978-89-04-09052-5 (03230)

저작권자의 허락없이 이 책의 일부 또는 전체를
무단 복제, 전재, 발췌하면 저작권법에 의해 처벌을 받습니다.

미국 기독교 상담가 협회(AACC)

윤리 규정

AACC의 법, 윤리 위원회에 의해서
발전되고 기안되었음.
의장: George Ohlschlager

American Association of Christian Counselors

***

AACC Code of Ethics

***

The Y2004 Final Code Developed and Drafted by the
AACC Law and Ethics Committee
George Ohlschlager, Chairman

차례 _기독교 상담 윤리 규정

2004년 윤리 규정 최종판 서문 — 6

윤리 규정의 적용 범위 — 14

소개와 사명 — 18

AACC 윤리 규정의 성경적-윤리적 기초 — 30

윤리 기준 — 36
    I. 기독교 상담가를 위한 윤리 기준 — 36
    II. 임상 감독자, 교육자, 연구자, 저자를 위한 윤리 기준 — 130
    III. 안수 받은 목회자와 목회 상담가를 위한 기준과 의무 면제 — 162
    IV. 평신도 조력자와 그 외 기독교 사역자를 위한 기준과 의무 면제 — 166
    V. 윤리적-법적 상충을 해결하기 위한 기준 — 172

절차상의 규칙 — 186
    VI. AACC 법과 윤리 위원회(LEC)의 권위, 관할권, 효력 — 188
    VII. AACC 회원에 대한 고소를 판결하는 절차 — 196
    VIII. 교회, 법원, 그리고 다른 단체에 의해 내려진 판결을 순종하는 절차 — 230

격려사 — 238

2004년 윤리 규정 최종판의 서문

　　AACC 윤리 규정의 2004년 최종판에 오신 것을 환영한다. 이번 최종판은 1998, 2000, 2001, 2003년도의 임시 윤리 규정을 개정한 것으로, 앞에 나열된 모든 이전 판을 대체한다. 이 윤리 규정은—'절차상의 규칙'(Procedural Rules)과 더불어 완전한 형태로서—테네시주 내쉬빌에서 개최된 2003년 AACC 세계 대회(2003 AACC World Conference in Nashville, Tennessee)에서 AACC 회원들에게 처음으로 제출되었다.

　　이 윤리 규정의 웹사이트(www.aacc.net) 출판과 더불어 우리는 이 윤리 규정을 모든 50개 주와 50개 나라에(2003년 여름 기준) 있는 우리 50,000명 회원들에게 공개적으로 제출한다. 또한 우리는 이 윤리 규정을 교회와 돕는 전문가들에게, 미국의 법정, 입법 기관, 자격증 위원회에게, 도처에 있는 정신 건강과 건강관리 조직체에게, 그리고 세계 앞에 정중하게 제출한다.

　　이 윤리 규정은 이미 모든 대륙에서 거의 24개국 나라에서 전체나 일부가 채택되었다. 이 규정은 스페인어, 독일어, 프랑스어, 네덜란

PREFACE TO THE Y2004 FINAL CODE

Welcome to the Y2004 final revision of the *AACC Christian Counseling Code of Ethics* (Code). This edition of the Code revises the 1998, 2000, 2001, and 2003 Provisional Codes, and supercedes those versions of the Code in their entirety. This is the Final Code version—the Code, with 'Procedural Rules,' in its completed form—which was first presented to the AACC membership at the 2003 AACC World Conference in Nashville, Tennessee.

With the publication of this Code on our web-site-www.aacc.net—we publicly present our ethics to our over 50,000 members in all 50 states and 50 other nations (as of Summer 2003). We also respectfully submit this document to the church and the helping professions, to the courts, legislatures, and licensure boards of America, to mental health and healthcare organizations everywhere, and to the world-at-large.

This Code has already been adopted, in whole or in part, in nearly two dozen countries on every continent. It has been translated into Spanish, German, French, and Dutch languages.

드어로 번역되었다. 우리 AACC에서는 이 윤리 규정이 기독교 상담 윤리의 세계적인 선언의 기초가 되기를, 그리고 국제적으로 더욱 확산됨에 따라 21세기의 기초, 기독교 상담 돌봄의 지구적인 기준이 되기를 소망한다.

이 윤리 규정은 10년—AACC에서 법과 윤리 위원회(Law and Ethics Committee)가 1993년 창설된 이후—에 걸친 작업의 결과이다. 10년 전에 이 그룹에 주어진 가장 첫 번째 사명은 기독교 상담이 21세기에 들어서면서 점점 더 성숙해 가고 있는 이때 기독교 상담을 위한 새로우면서도 그리스도 중심의, 그리고 여러 분야를 아우를 수 있는 윤리 규정을 만드는 일이었다. 본 윤리 규정은 그 사명을 완수하는 첫걸음이 된다.

10년이 넘도록 18번에 걸쳐 초안을 다시 작성하면서 이 프로젝트를 발전시키고 초안을 작성하고 현존하도록 나를 도와준 위원회 회원들, AACC 리더들, 그리고 동료들은 다음과 같다: AACC 회장 Tim Clinton, Ed.D.; 전 회장 Gary Collins, Ph.D.; Mark McMinn, Ph.D.; Rosemarie Hughes, Ph.D.; 고인이 된 David Gatewood, M.S.; Peter Mosgofian, M.A.; W.L. Ryder, M.D.; Elizabeth York, M.Ed.; Siang-Yang Tan, Ph.D.; Chris Thurman, Ph.D.; Ev Worthington, Ph.D.; Tom Whiteman, Ph.D.; Norm Wright, M.A.; Leigh Bishop, M.D.; Freda Crews, D.Min., Ph.D.; Gary Oliver, Ph.D.; Bill Secor, Ph.D.; Ron Hawkins, D.Min., Ed.D.; Diane

We at the AACC anticipate this Code becoming the basis of a worldwide statement of Christian counseling ethics and, as it spreads further internationally, the foundation of a 21st-century, global standard of Christian counseling care.

Work on this Code has been continuous for 10 years—since AACC created the Law and Ethics Committee in 1993. The primary mission given this group a decade ago was to construct and manage a new, Christ-centered, interdisciplinary code of ethics for Christian counseling as it matures into the 21st- century. This code begins to fulfill this mission.

Committee members, AACC leaders, and other colleagues who helped me develop, draft, and survive this project through 18 evolving drafts over ten years included: AACC President Tim Clinton, EdD; former president Gary Collins, PhD; Mark McMinn, PhD; Rosemarie Hughes, PhD; the late David Gatewood, MS; Peter Mosgofian, MA; W.L. Ryder, MD; Elizabeth York, MEd; Siang-Yang Tan, PhD; Chris Thurman, PhD; Ev Worthington, PhD; Tom Whiteman, PhD; Norm Wright, MA; Leigh Bishop, MD; Freda Crews, DMin, PhD; Gary Oliver, PhD; Bill Secor, PhD; Ron Hawkins, DMin, EdD; Diane Langberg, PhD; Michael Lyles, MD; and Archibald Hart, PhD.

The Holy Scriptures and the AACC Doctrinal Statement are

Langberg, Ph.D.; Michael Lyles, M.D.; 그리고 Archibald Hart, Ph.D.이다.

성경과 AACC 교리 선언(AACC Doctrinal Statement)이 이 윤리 규정의 기초가 된다. 그와 더불어 이 선언의 초안을 작성하면서 참고하였던 다른 윤리 규정들은 알파벳 순서로 다음과 같다:

- 미국 결혼 및 가족 치료사 협회(AAMFT). 캘리포니아 결혼 및 가족 치료사 협회(CAMFT)도 포함됨.
- 미국 목회 상담자 협회(AAPC)
- 미국 상담 협회(ACA). 상담가 교육 및 감독 협회(ACES-ACA 관련 기관)와 상담의 영적, 윤리적, 종교적 가치 협회(ASERVIC-ACA 관련 기관)도 포함됨.
- 미국 심리 치료 협회(APiA)
- 미국 심리학 협회(APoA). APoA의 심리학적 봉사 제공에 대한 일반적인 지침도 포함됨.
- 심리학 연구를 위한 기독교 협회(CAPS)
- 국립 사회 복지사 협회(NASW). 임상 사회 복지 개인 실습을 위한 NASW 기준이 포함됨.
- 분쟁 해결 전문직업인 협회(SPDR)

foundational to this Code. Other ethics codes, in alphabetical order, that were consulted as we drafted this statement included those from the:

- American Association of Marriage and Family Therapists (AAMFT), including portions of the California Association of Marriage and Family Therapists (CAMFT)
- American Association of Pastoral Counselors (AAPC)
- American Counseling Association (ACA), including the Association for Counselor Education and Supervision (ACES-ACA related), and the Association for Spiritual, Ethical, and Religious Values in Counseling (ASERVIC-also ACA related)
- American Psychiatric Association (APiA)
- American Psychological Association (APoA), including APoA General Guidelines for Providers of Psychological Services
- Christian Association for Psychological Studies (CAPS)
- National Association of Social Workers (NASW), including NASW Standards for the Private Practice of Clinical Social Work
- The Society of Professionals in Dispute Resolution (SPDR)

Furthermore, many writings influenced this Code, especially by Alister McGrath, on "Doctrine and Ethics," and Alan Tjeltveit, on "Psychotherapy and Christian Ethics." Some rules

동시에 이 윤리 규정에 영향을 끼친 많은 저술이 있다. 특별히 Alister McGrath의 『교리와 윤리(Doctrine and Ethics)』와 Alan Tjeltveir의 『심리 치료와 기독교 윤리(Psychotherapy and Christian Ethics)』가 그것이다. 절차상의 규칙과 상충되는 가치들의 해결을 위한 규칙, 그리고 이 윤리 규정에 나오는 세부적인 것들은 법 전문가의 전문적 책임 윤리 규정(Code of Professional Responsibility)과 선택적으로 취사된 법정 사례들과 정신 건강 자격증 법규와 캘리포니아, 버지니아, 텍사스, 콜로라도, 플로리다, 미네소타, 워싱턴, 뉴욕 주의 자격증 담당 부서의 행정 규칙을 참고하였다.

이 윤리 규정은 AACC 웹 사이트로부터 내려받을 수 있으며, 종이에 인쇄된 형태는 AACC로부터 실비(實費)로 구입할 수 있다. 우리는 이 윤리 규정에 대한 여러분의 피드백을 계속해서 청원 드린다(위치는 George@AACC.net이다)—아이디어와 제안은 미래에 태어날 윤리 규정 개정판들에 그 포함 여부가 고려될 것이다. 동시에 원격 상담—전화 상담, 인터넷 상담, 가정집에서의 상담—의 윤리들에 대한 새로운 항목과 특별히 교회에서 평신도들의 돕는 사역을 위한 규정을 개발하는 작업이 현재 진행되고 있다.

George Ohlschlager, JD, LCSW
AACC 법과 윤리 위원회 의장

for procedure, for resolution of conflicted values, and the detail in this document was suggested by the legal profession's *Code of Professional Responsibility*, and by selected court cases, mental health license statutes, and licensure board administrative rules from California, Virginia, Texas, Colorado, Florida, Minnesota, Washington, and New York.

This Code may be downloaded from the AACC web site, or purchased in paper form from AACC at a nominal cost. We continue to invite your feedback about this code (to George@AACC.net)—ideas and suggestions that will be considered for inclusion into future Code revisions. Also, we are developing a new section on the ethics of remote counseling-using the phone, the Internet, and doing in-home counseling—and a code specifically for lay helping ministry in the church. Your thoughts and comments here are also welcome. Thank you and may God bless your study and use of this new Code of Ethics

Sincerely,

George Ohlschlager, JD, LCSW
Chairman, AACC Law & Ethics Committee
APPLICABILITY OF THE CODE

윤리 규정의
적용 범위

미국 기독교 상담 협회(AACC)의 모든 회원과 국제 기독교 상담 협회(International Association of Christian Counselors; IACC), 그리고 세계 도처에 있는 기독교 상담가들 모두는 자신이 기독교 상담가, 목회자, 조력자로서 활동함에 있어서 가능한 속히 이 윤리 규정(AACC Code of Ethics)을 온전하게 채택할 것을 초청하는 바이다. 이 윤리 규정을 통해서 모든 기독교 상담가와 목회자가 정보를 제공 받고 계몽 받을 수 있다. 하지만 AACC 회원이 아닌 사람들에게나, 아니면 AACC 회원이라도 전문 직업적-기독교 사역적 역할을 떠나서 개인적인 삶의 영

APPLICABILITY
OF THE CODE

All members of the AACC, the IACC (International Association of Christian Counselors), and Christian counselors everywhere are invited to fully adopt this *AACC Code of Ethics* (Code) in their work as Christian counselors, ministers, and helpers as soon as they are able. This Code may inform and enlighten all Christian counselors and ministers, but is not strictly enforceable toward non-AACC persons, nor upon AACC members in their private lives apart from professional-ministerial roles.

The Code will become a mandatory ethic for all AACC/IACC members who elect to become credential holders or members of

역에 이르기까지 이 윤리 규정을 엄격하게 적용할 것을 강요하지는 않는다.

　AACC와 IACC 내에서 자격증을 가지기로 작정한 모든 회원들에게나, 미국 기독교 상담 위원회(American Board of Christian Counselor; ABCC)와 기독교 돌봄 협의회(Christian Care Network; CCN)의 회원들은 이 윤리 규정을 의무적으로 따라야 한다.[1]

---

1) 이 윤리 규정은 AACC에 가맹한 모든 조직, 즉 ABCC과 CCN에게도 적용된다. ABCC와 CCN의 모든 회원은 이 윤리 규정을 충실하게 따를 것이 요구된다.

either the American Board of Christian Counselors (ABCC) or the Christian Care Network (CCN).[1]

---

[1] This code is adopted in its entirety by AACC affiliate organizations, the ABCC and the CCN. All ABCC and CCN members will be required to mandatory adherence to this code.

소개와 사명

이 윤리 규정은 AACC 회원들로 하여금 그들의 내담자들과 교인들을 보다 잘 섬기도록 도우며, 동시에 세계적으로 기독교 상담 사역을 더욱 발전시키기 위해 계획된 것이다. 이 윤리 규정을 통해 AACC의 최우선 목표—즉, 예수 그리스도와 그분의 교회에 존귀와 영광을 돌려 드리고, 기독교 상담의 탁월함을 더욱 발전시키며, 기독교 상담가들에게는 하나 됨을 가져다주는 것—이 성취되는 데 도움이 될 것이다.

새로운 전문가들을 위한 새로운 윤리 규정

이 윤리 규정은 성경적, 임상적, 체계적, 윤리적, 법적 정보를 종합

INTRODUCTION AND MISSION

The Code is designed to assist AACC members to better serve their clients and congregants and to improve the work of Christian counseling worldwide. It will help achieve the primary goals of the AACC—to bring honor to Jesus Christ and his church, promote excellence in Christian counseling, and bring unity to Christian counselors.

A New Code for an Emerging Profession

The Code is a comprehensive, detailed, and integrative synthesis of biblical, clinical, systemic, ethical, and legal information.

적, 세부적, 통합적으로 종합한 것이다. 그렇게 한 이유는 애매한 용어, 제한된 내용, 지나치게 일반화된 윤리 규정으로는 복잡한 현대 21세기의 상담 환경의 요구에 충분히 부응하지 못하기 때문이다. 보다 종합적이고 행동이 구체적으로 기술된 윤리 규정이 기독교 상담가들에게 필요하게 되었다. (동시에 모든 정신 건강 분야와 목회 상담 분야에서 사역하는 전문가들에게도 마찬가지라고 믿는다.) 그 이유는 다음과 같다:

(1) 기독교 상담가들 사이에서 실습에 문제가 생기고 부적당한 일들이 점점 더 많이 일어난다. 거기에는 내담자나 교인들이 상처를 입고 고소하는 일들이 점점 증가하는 것도 포함된다.

(2) 기독교 상담 가운데 대부분이 법적으로 보호를 받지 못한다. 거기에는 점점 늘어나는 정부로부터의 감찰, 과도한 소송, 직업적 윤리 규정에 대한 엄격한 법제화 등도 포함된다.

(3) 동시에 보다 긍정적으로는 기독교 상담에 생명력이 있고 그것이 점점 더 성숙해져 간다는 것에 있다—거기에는 많은 이론과 논쟁도 포함된다—즉, 하나의 포괄적인 윤리적-법적 기본 틀이 있어서 성경적인 동시에 경험적으로도 건전한 기독교 상담 모델을 향해 발전하도록 안내할 필요가 있다.

It was created this way because vaguely worded, content limited, and overly generalized codes are insufficient for the complexities of the modern, 21st-century counseling environment. A more comprehensive and behavior-specific ethical code is needed for Christian counselors (and all mental health and ministerial professions, we believe) because of:

(1) the mounting evidence of questionable and incompetent practices among Christian counselors, including increasing complaints of client-parishioner harm;

(2) the largely unprotected legal status of Christian counseling, including the increasing state scrutiny, excessive litigation, and unrelenting legalization of professional ethics; and more positively

(3) the vitality and growing maturity of Christian counseling—including its many theories and controversies—indicating the need for an overarching ethical-legal template to guide the development of biblical and empirically sound Christian counseling models.

This Code—beyond defining the boundaries of unethical prac-

이 윤리 규정을 통해서 상담가들은—단지 비윤리적인 상담 실천이 무엇인가 하는 것의 범위 규정을 넘어서—윤리적으로 탁월하고, 최선의 상담 결과들을 보다 더 지속적으로 확실하게 이끌어 낼 수 있도록 확실하게 교육 받게 된다. 이 윤리 규정은 네 개 범주로 이루어져 있다: 즉, (1) 신구약성경과 역사적 정통적 기독교 신학[2]; (2) 기독교 상담 분야와 잘 확립된 정신 건강 분야로부터 인정된 상담과 임상 실습의 기준들; (3) 다른 기독교인들과 정신 건강 분야에서 일하는 전문가들의 윤리 규정들; (4) 정신 건강 분야와 기독교 사역에 관련된 규정들로부터 도출된 현재의, 그리고 개발되고 있는 기준들 등이다.

이 윤리 규정의 사명, 용도, 한계

이 윤리 규정의 사명은

(1) AACC의 중심적인 사명을 촉진시키는 것—즉, 예수 그리스도께 존귀와 영광을 돌려 드리고, 기독교 상담에 있어서 탁월함과 하나 됨을 더욱 증진시키는 것이다;

---

[2] 본 윤리 규정은 무엇보다 정통적인 복음적 성경적 신학에 근거해서 작성되었다. 그렇지만 동시에(리차드 포스터가 제안한 패러다임에 근거해서 말하자면) 기독교 신학과 교회사의 사회 정의 전통, 오순절 은사주의 전통, 경건주의 전통, 전례주의 전통, 명상주의 전통들에 의해서도 영향을 받았다.

tice—affirmatively educates counselors in the direction of becoming helpers of ethical excellence, capable of more consistently securing the best counseling outcomes. This Code shows four streams of influence. These include (1) the Bible (both Old and New Testaments) and historic orthodox Christian theology;[2] (2) accepted standards of counseling and clinical practice from Christian counseling and the established mental health disciplines; (3) codes of ethics from other Christian and mental health professions; and (4) current and developing standards derived from mental health and ministry-related law.

Mission, Uses, and Limits of the Code

The mission of this Code is to

(1) help advance the central mission of the AACC—to bring honor to Jesus Christ and promote excellence and unity in Christian counseling;

---

2) Although rooted primarily in an orthodox evangelical biblical theology, this Code is also influenced (according to the paradigm offered by Richard Foster) by the social justice, charismatic-pentecostal, pietistic-holiness, liturgical, and contemplative traditions of Christian theology and church history.

(2) 기독교 상담가들과 더불어 사역하는 모든 개인, 가족, 그룹, 교회, 학교, 기관, 기독교 사역, 그리고 기타 조직체들의 복지를 보다 증진시키고, 그 존엄성과 기본적인 권리를 보호하는 것이다;

(3) 기독교 상담에 있어서 윤리적 행위 기준을 제공하는 것이다. 그것은 AACC(그리고 ABCC와 CCN도 마찬가지로)에 의해 마땅히 옹호되고 적용된 것이며, 동시에 다른 전문가들이나 기관들에 의해서도 존중될 수 있는 그와 같은 윤리적 행위 기준이다.

이 윤리 규정은 윤리적 기독교 상담에 대해서 성경에 근거한 가치 기준과 보편적인 행동 기준이 무엇인가를 설정해 준다. 우리가 의도하는 것은 이 윤리 규정이 핵심적인 문서가 되어 이것을 통해 기독교 상담가, 내담자, 교회가 감독을 하는 동시에 기독교 상담가와 상담 가치, 목표, 과정, 결과를 평가하도록 하는 것이다. 더 나아가 이 윤리 규정은 돌봄에 대한 기독교 상담의 기준을 확언해 줌으로써 법정, 교회와 정부의 법규 위원회, 보험과 돌봄 단체, 기타 전문가, 그리고 사회로부터 존중을 받고 적용되기를 원한다.

이 윤리 규정은 규범적이지만 모든 것을 담고 있는 것은 아니다. 이 윤리 규정을 통해서 실천과 관계된 일반적인 정의를 제공 받을 수는 있을 것이다. 하지만 기독교 상담에 대한 온전한 그림을 그려 주거나 모든 윤리적 문제를 전부 다루어 주지는 않는다. 이 윤리 규정

(2) promote the welfare and protect the dignity and fundamental rights of all individuals, families, groups, churches, schools, agencies, ministries, and other organizations with whom Christian counselors work;

(3) provide standards of ethical conduct in Christian counseling that are to be advocated and applied by the AACC (and ABCC and CCN) and that can be respected by other professionals and institutions.

This Code defines biblically based values and universal behavioral standards for ethical Christian counseling. We intend this Code to become a core document by which Christian counselors, clients, and the church oversee and evaluate Christian counselors and counseling values, goals, process, and effectiveness. Furthermore, the Code asserts a Christian counseling standard of care that invites respect and application by the courts, the regulatory bodies of church and state, insurance and managed care groups, other professions, and by society.

This Code should be seen as normative but non-exhaustive. It provides a common definition of practice, but does not presume to be a complete picture of Christian counseling nor does it necessarily cover all ethical issues. This Code outlines a foundation

은 우선적인 가치와 합의로 도출된 전문 직업적 행위에 대한 기초 윤곽을 그린 것으로서 이것을 토대로 기독교 상담가들은 자신들의 정체성을 형성하고 자신들의 사역을 확립할 수 있을 것이다. 이 윤리 규정은 실제 상황의 다양성 가운데 어떤 부분이 인정되고 장려되는지와 동시에 어떤 부분이 그 틀에서 벗어나 허용되지 않는지에 대한 기준을 설정해 준다.

이 윤리 규정은 AACC의 모든 영역에 강력하게 적용되며, ABCC와 CCN에게는 그 준수를 장려한다. 이 윤리 규정은 네 개의 중요 부분으로 구성된다―소개와 사명, 성경적-윤리적 기초, 윤리적 기준, 절차상의 규칙(이 부분은 계속해서 발전되고 있다). 소개와 사명 부분과 성경적-윤리적 기초 부분의 규정 진술에는 기독교 상담과 관련해서 최선의 이상과 목표를 규정해 보고자 하는 열망이 담겨 있다. 윤리적 기준 부분과 절차상의 규칙 부분은 개인적인 실천 규정과 단체적인 행동 규정이 들어 있으며, 그것을 통해 AACC 회원들을 안내하고자 한다. 이 사명과 기초 진술들을 통해서 윤리를 적용하고 절차상의 규칙을 해석함에 있어서 생기는 문제와 딜레마들을 해결하는 데 자문을 받게 될 것이다.

사용된 용어들과 관련해서는 현학적, 난해한 법률적, 성적 용어들을 피하고자 노력하였다. 그러나 동시에 하나님의 이름에서 성적 특성을 배제하려고 하는 극단적인 포용주의도 피하였다. 특별한 언급이 없을 경우에는 '내담자'(client)는 내담자, 환자, 교인, 교구민, 도움

of preferred values and agreed professional behavior upon which Christian counselors can shape their identity and build their work. It defines standards upon which practice diversity is acknowledged and encouraged as well as the limits beyond which practice deviance is not allowed.

The Code is aspirational throughout the AACC and enforceable in ABCC and CCN. It consists of four major parts—Introduction and Mission, Biblical-Ethical Foundations, Ethical Standards, and Procedural Rules (which are being developed). It aspires to define, in the mission and the biblical-ethical foundations statements, the best ideals and goals of Christian counseling. The ethical standards and procedural rules are the codes of individual practice and organizational behavior that are to guide the membership of the AACC. The mission and foundations statements are to be consulted in working out the problems and dilemmas of ethics application and procedural rules interpretation.

Concerning language, we have endeavored to avoid pedantic, legalese, and sexist language, but we also avoid a radical inclusivism that de-sexes the name of God. Unless denoted, we use the term 'client' to refer to clients, patients, congregants, parishioners, or helpees. 'Counseling' is usually a generic reference to clinical, psychiatric, pastoral, and lay helping.

을 받는 사람을 언급하는 것이다. '상담'(counseling)은 일반적으로 임상적, 정신 치료적, 목회적, 평신도 도움을 총칭적으로 언급한다.

미래 사역에 있어서의 은혜

이 윤리 규정은 역동적이다. 즉, 한편으로는 AACC의 사명을 단단하게 고정시켜 주고 일정한 요소들을 변하지 않도록 존속시켜 줄 것이다. 그러나 동시에 다른 한편에서는 AACC와 그 회원들의 삶과 성장에 발맞추어 같이 살아가며 성장해 갈 것이다. 이 윤리 규정은 우리에게 일생에 거쳐 윤리적이면서도 탁월한 봉사를 향해 헌신하라고 초청한다; 즉, 우리로 하여금 우리의 동료, 교회, 단체, 공동체 가운데서 윤리적인 행동을 장려하라고 도전하는 것이다. 바라기는 하나님이 우리에게 이 윤리 규정을 전문가적 의식을 가지고 소유하도록 은혜를 주시고, 이 윤리 규정에 따라 명예롭게 살아가도록 힘을 주시며, 이 윤리 규정을 공통의 정체성과 하나 됨을 향한 하나의 기초로서 바라보는 소망을 주시기 기원하는 바이다.

Grace for the Task Ahead

This is a dynamic Code, one that will anchor the mission of the AACC and retain some elements without change, but one that will also live and grow with the life and growth of the Association and its membership. The Code calls us to a life-long commitment to ethical and excellent service; it challenges us to encourage ethical behavior in our colleagues, churches, organizations, and communities. May God give us the grace to own it professionally, the strength to live it honorably, and the hope to see it as a foundation of common identity and corporate unity.

AACC 윤리 규정의
성경적-윤리적 기초[3]

기초 1: 예수 그리스도—신구약 성경에 있는 그분의 계시—는 기독교 상담, 실천, 윤리, 돌봄 활동의 탁월한 모델이시다.

기초 2: 기독교 상담은 온 세계의 교회와 개인 상담가들은 신자들의 지역 공동체와 충실한, 친밀한, 헌신된 관계를 유지한다.

---

3) 이 "성경적-윤리적 기초"에 나오는 진술들은 교리적인 진술이 아니며, 동시에 그것을 대신하려는 의도로 나온 것도 아니다. AACC 교리 진술(Doctrinal Statement)은 AACC 회원들이 가지는 기본적인 기독교 신앙과 성경에 대한 충성스러움을 나타내는 하나의 별도의 기준인 것이다. 이 일곱 개의 기초 진술들은 명백히 AACC 교리 진술에 근거를 두고 있다. 동시에 이 일곱 개의 기초 진술들은 성경과, AACC 교리 진술, 그리고 이 윤리 규정에 대한 "소개와 사명"이 결합된 것으로, 이 윤리 규정이 근거하는 기본적인 윤리 정책이 되며, 분명한 의미와 공통되는 해석을 도출하는 것에 도움을 주며, 그리고 윤리적 기준과 절차상의 규칙을 적용하는데 있어서 나타날 수 있는 논쟁들을 해결하는 것에 지침이 될 것이다.

BIBLICAL-ETHICAL FOUNDATIONS OF THE AACC ETHICS CODE[3]

1st FOUNDATION: *Jesus Christ—and His revelation in the Old and New Testaments of the Bible—is the pre-eminent model for Christian counseling practice, ethics, and care-giving activities.*

2nd FOUNDATION: *Christian counseling maintains a commit-*

---

3) This statement of "biblical-ethical foundations" is not a doctrinal statement, nor is it intended to substitute for one. The AACC Doctrinal Statement is a separate standard that reflects the baseline religious beliefs and biblical commitments of AACC members. However, it is true that these seven foundation statements are implicitly rooted in the AACC doctrinal statement. Furthermore, combined with the Scriptures, the AACC doctrinal statement, and the statement of "Introduction and Mission" to this code, this section stands as the baseline ethics policy that will ground this code, assist the search for clear meaning and common interpretation, and guide the resolution of disputed applications of ethical standards and procedural rules.

기초 3: 기독교 상담에 있어서 그 최선의 형태는 성령께서 인도하시는 변화와 성장의 과정이며, 상담가들을 돕는 영적, 심리사회적, 가정적, 생의학적, 그리고 환경적 간섭의 숙련된 종합을 통해 다른 사람들을 그리스도 안에서 성장하도록 도와주는 것에 맞추어져 있다.

기초 4: 기독교 상담가는 자신의 '첫 사랑'이신 예수 그리스도께, 내담자를 향해서 탁월하게 봉사하는 것에, 실천에 있어서 윤리적으로 정결하도록 하는 것에, 그리고 만나는 모든 사람을 존중하는 것에 헌신된 자이다.

기초 5: 기독교 상담가는 인간의 생명, 인간의 존엄성, 결혼과 가족 생활의 성결함을 지키는 것과 관련해서 성경 계시를 최상으로 존중한다.

기초 6: 종교의 자유, 언론의 자유, 집회 결사의 자유에 대한 성경적, 헌법적 권리에 의거해서 기독교 상담가의 공적인 정체성이 보호를 받으며, 동시에 기독교 상담가의 모든 상담과 간섭 형태에 있어서 영적인 실천이 분명히 같이 병행된다는 것 역시 보호를 받는다.

ted, intimate, and dedicated relationship with the worldwide church, and individual counselors with a local body of believers.

3rd FOUNDATION: *Christian counseling, at its best, is a Spirit-led process of change and growth, geared to help others mature in Christ by the skillful synthesis of counselor-assisted spiritual, psycho-social, familial, bio-medical, and environmental interventions.*

4th FOUNDATION: *Christian counselors are dedicated to Jesus Christ as their 'first love,' to excellence in client service, to ethical integrity in practice, and to respect for everyone encountered.*

5th FOUNDATION: *Christian counselors accord the highest respect to the Biblical revelation regarding the defense of human life, the dignity of human personhood, and the sanctity of marriage and family life.*

6th FOUNDATION: *The biblical and constitutional rights to Religious Freedom, Free Speech, and Free Association protects Christian counselor public identity, and the explicit*

기초 7: 기독교 상담가는 그리스도와 그분의 교회를 대표한다는 것을 주의 깊게 염두에 두며, 모든 사회적, 전문 직업적 관계에 있어서 책임과 의무를 다하기로 헌신한다.

incorporation of spiritual practices into all forms of counseling and intervention.

7th FOUNDATION: *Christian counselors are mindful of their representation of Christ and his church and are dedicated to honor their commitments and obligations in all social and professional relations.*

윤리
기준

I. 기독교 상담가를 위한 윤리 기준

- ES1-100 첫째, 해롭게 하지 말라

기독교 상담가는 전문 직업적-기독교 사역적 윤리 행위의 첫 번째 규칙이 바로 자신들이 봉사하는 사람들을 해롭게 하지 말라는 것임을 인정한다.

1-101 모든 사람에게는 하나님이 주신 존엄성이 있다는 것을 확실히 할 것

기독교 상담가는 모든 사람에게 태어나기 이전부터 임종에 이르기

ETHICAL STANDARDS

I. ETHICAL STANDARDS FOR CHRISTIAN COUNSELORS

• ES1-100 First, Do No Harm

Christian counselors acknowledge that the first rule of professional-ministerial ethical conduct is: *do no harm* to those served.

1-101 Affirming the God-given Dignity of All Persons

Affirmatively, Christian counselors recognize and uphold the inherent, God-given dignity of every human person, from the pre-born to those on death's bed. Human beings are God's cre-

까지 하나님이 주신 고유한 존엄성을 확실하게 인지하고 지지한다. 인간은 하나님의 창조물이며—사실상 그분의 창조물 가운데 최고의 존재이다—따라서 당연히 이 피조물이라는 사실이 가져다주는 모든 권리와 존중을 받기에 합당하며 그 이치에 합당한 존재이다.

그러므로 기독교 상담가는 어떻게 자신들이 해로운 태도나 행위에 반응하거나 도전받는 것과는 상관없이 모든 내담자나, 봉사가 요구되는 사람, 혹은 상담 실천이나 기독교 사역의 과정에서 만나는 모든 사람을 생명력 있게 돌볼 것이다. 거기에는 인종, 민족, 성별, 성적 행위나 기원, 사회 경제적 지위, 교육, 교단, 신념 체계, 가치, 혹은 정치적 배경과는 상관이 없다. 하나님의 사랑은 무조건적이며, 그런 관점에서 기독교 상담가의 사랑도 마땅히 그래야만 한다.

1-102 어떠한 해를 끼치는 행위나 사리를 위한 착취도 용납되지 않는다

기독교 상담가는 내담자나 교인들과의 관계 모두에 있어서 해를 끼치는 행위와 사리를 위한 착취, 그리고 불공정한 차별은 그 어떤 형태라도 피한다. 또한 기독교 상담가는 자신들의 심리 사회적, 영적 영향력과 돕는 관계에서 내재하는 힘의 불균형—다른 사람들에게 심지어는 해를 끼칠 의도가 없음에도 끼칠 수가 있는 힘의 역학—에 대해서 주의를 기울인다.

ation—in fact, the crown of His creation—and are therefore due all the rights and respect and ordered logic that this fact of creation entails.

Therefore, regardless of how we respond to and challenge harmful attitudes and actions, Christian counselors will express a loving care to any client, service-inquiring person, or anyone encountered in the course of practice or ministry, without regard to race, ethnicity, gender, sexual behavior or orientation, socio-economic status, education, denomination, belief system, values, or political affiliation. God's love is unconditional and, at this level of concern, so must that of the Christian counselor.

1-102 No Harm or Exploitation Allowed

Prohibitively, then, Christian counselors avoid every manner of harm, exploitation, and unjust discrimination in all client-congregant relations. Christian counselors are also aware of their psychosocial and spiritual influence and the inherent power imbalance of helping relationships—power dynamics that can harm others even without harmful intent.

1-110 Avoidance of Client Harm, Intended or Not

Christian counselors strictly avoid all behavior or suggestion of practice that harms or reasonably could harm clients, client

1-110 내담자를 의도적이든 아니든 간에 해롭게 하는 것을 피한다

기독교 상담가는 내담자와 내담자의 가족, 내담자가 속한 사회 체제나 내담자의 대리자, 학생, 훈련생, 상담 견습생, 고용인, 동료, 그리고 제삼의 비용 지불자와 위임자에게 해를 끼치거나 일변 해를 끼칠 수 있는 모든 상담 실제 행위나 제안을 엄격하게 피한다.

1-111 내담자와의 충돌을 잘 처리한다

기독교 상담가는 내담자와의 충돌을 전혀 피할 수는 없다는 사실을 인지한다. 실제로 충돌이나 저항은 종종 돕는 과정에 있어서 중심적으로 작용하기도 한다. 기독교 상담가들은 상담에서 일어나는 모든 충돌을 내담자에게 가장 좋은 이익이 되는 방향으로 맞추어서 해결하려고 시도할 것이다. 상담자가 만일 내담자에게 해로운 방향으로 반응하려는 유혹이 일어나거든 자문을 해 주고 회복시키는 도움을 주는 쪽으로 추구해야 할 것이다. 만일 자기 통제가 잘 안 되는 경우에는—그래서 내담자에게 해를 끼치는 것을 피할 수가 없게 될 경우에는—상담자는 상담 관계를 종결하고 내담자에게 최선의 이익이 되는 방향으로 다른 사람에게 위탁해야 할 것이다.

1-112 다른 돕는 이들에 의해서 이미 해를 입은 내담자를 향한 행위

기독교 상담가는 다른 상담가와 목회자가 해가 되는 행위를 할지라도 그와는 다른 적절한 행동을 취한다. 기독교 상담가는 이기적으

families, client social systems and representatives, students, trainees, supervisees, employees, colleagues, and third-party payors and authorizers.

1-111 Managing Client Conflicts

Christian counselors acknowledge that client conflicts are unavoidable. In fact, conflict and resistance are often a central dynamic of the helping process. We will attempt to resolve all counseling conflicts in the client's best interest. Counselors tempted to respond in harmful ways to clients shall seek out consultative and restorative help. If self-control is not accomplished—and client harm is not avoided—counselors shall terminate counseling relations and make referral in the client's best interest.

1-112 Action Regarding Clients Harmed by Other Helpers

Christian counselors take proper action against the harmful behavior of other counselors and pastors. We will act assertively to challenge or expose those who exploit others, and protect clients against harm wherever it is found, taking care to honor and support client decision-making regarding curative action against violators.

로 이용당했던 사람들에게는 확실한 태도를 가지고 행동해야 하며, 규칙을 어긴 사람들에 반해서 치료적인 행동을 한다는 의미에서 내담자를 그 어떤 해로운 것으로부터도 보호하고, 내담자의 결정을 존중하고 지지해야 한다.

1-113 관리된 돌봄으로 문제들을 관리하기

관리된 돌봄은 육체적 정신적 건강 서비스 분야에 있어서 그 영향력이 크게 확산되어 왔다. 그런 가운데 내담자에게 관리된 돌봄을 제공하는 관계에 있어서 야기된 만연된 문제들이 현재 보고된다: 즉, 상담 내용에 대한 비밀을 파괴하는 것, 내담자의 방치, 계속해서 돌봄을 제공하지 못하는 일, 치료사의 선택이나 접근을 금지하는 것, 그리고 심지어는 육체적 정신적으로 고통을 주는 행위가 그것이다. 기독교 상담가는 이와 같은 법적-윤리적 문제들을 인지하고, 관리된 돌봄 관계로 인해 발생할 수 있는 모든 비윤리적인 일과 의도하지 않게 내담자에게 해를 끼치는 것을 피하도록 하며, 동시에 그것에 말려들지 않고 바로 고치도록 해야 한다.

1-120 내담자를 해롭게 할 수 있는 것들에 참여하기를 거절하기

기독교 상담가는 내담자를 해롭게 할 수 있는 것들을 너그럽게 봐주거나, 옹호하거나, 돕는 것을 거절해야 하며, 특별히 태중에서부터 무덤에 이를 때까지 인간 생명을 위험하게 하는 것들에 대해서 더욱

1-113 Managing Problems with Managed Care

Managed care has greatly expanded its influence in health and mental health service delivery. Widespread problems in client-provider-managed care relations are now being reported: breach of confidentiality, client abandonment, failure to maintain continuity of care, incompetent care, restriction of therapist choice and access, and even infliction of emotional distress. Christian counselors acknowledge these legal-ethical problems, and will avoid and work to correct any unethical entanglement and unintended client harm due to managed care relations.

1-120 Refusal to Participate in the Harmful Actions of Clients

Christian counselors refuse to condone, advocate for, or assist the harmful actions of clients, especially those that imperil human life from conception to death. We agree that the protection of human life is always a priority value in any professional or ministerial intervention. We will not abandon clients who do or intend harm, will terminate helping relations only in the most compelling circumstances, and will continue to serve clients in these troubles so far as it is humanly possible.

그렇게 해야 한다. 인간 생명을 보호하는 것은 모든 전문 직업적이나 기독교 사역적 치유간섭에 있어서 언제나 최우선의 가치가 된다. 해를 끼치거나 그런 의도를 가지고 있는 내담자를 버려두어서는 안 된다. 정말로 어쩔 수 없는 상황에서만 내담자와의 돕는 관계를 그만둘 것이며, 이와 같은 어려움을 겪는 내담자를 인간답게 살 수 있을 때까지 계속해서 봉사해야 한다.

1-121 치명적이고 위협적인 행동에 대한 적용

기독교 상담가는 내담자가 자기 자신이나 타인에게 행해지는 자살적, 타살적, 혹은 폭력적/학대적으로 해를 끼치는 행위를 너그럽게 봐주거나, 옹호하거나, 돕는 것을 거부하며, 거기에는 언어적, 비언어적 수단에 의한 위협도 포함된다. 사실상 우리는 생명을 보호하기 위해 신중하게 간섭해야 하며, 정당한 권위에 대한 치명적인 위협이나 내담자에 의해 위협당하는 사람들을 보고해야 할 확실한 윤리적 의무가 있다(윤리 규정 항목 1-430ff를 보라).

1-122 물질 남용이나 중독에 대한 적용

기독교 상담가는 물질 남용이나 중독, 그리고 내담자에 의한 중독적 행동들을 너그럽게 봐주거나, 옹호하거나, 돕는 것을 거부한다. 우리는 약물 의존과 중독 사이의 차이점을 인지하고 인정한다. 동시에 치료상 인정되었거나 의사의 지도하에 있는 경우에는 약물을 필

1-121 Application to Deadly and Threatening Behavior

Christian counselors refuse to condone, advocate for, or assist the suicidal, homicidal, or assaultive/abusive harm done to self or others by clients, including that which is threatened by verbal or other means. In fact, we are under an affirmative ethical duty to prudently intervene for the sake of protecting life, and under certain conditions, to report deadly threats to the proper authorities and those threatened by clients (see Code sections 1-430ff).

1-122 Application to Substance Abuse and Other Addictions

Christian counselors refuse to condone, advocate for, or assist substance abuse or other addictions and addictive behaviors by clients. We recognize and accept the distinction between drug dependence and addiction, and may support or assist clients in the use of necessary drugs—even those from which dependencies may develop for limited periods of time—when medically justified and under a physician's supervision.

1-123 Application to Abortion

Christian counselors refuse to condone or advocate for abortion and the abortion-related activities of clients. All counselors

수적으로 사용해야 하는 범위 내에서 내담자를 지지하거나 도울 수 있다―심지어는 그런 사용으로 인해 제한된 기간 동안 약물 의존이 발전될 수 있는 내담자라 할지라도 그렇게 한다.

1-123 낙태에 대한 적용

기독교 상담가는 내담자의 낙태나 낙태와 관련된 행위들을 너그럽게 봐주거나 옹호하는 것을 거부한다. 모든 상담가는 낙태에 대한 다른 대안을 고려하며 내담자에게 그것을 알려 준다. 그리고 낙태 위기를 겪고 있는 내담자를 가능한 계속해서 봉사하며 애정을 가지고 그들과 더불어 일하여 나간다.

1-124 이혼에 대한 적용

기독교 상담가는 내담자가 이혼하는 방향으로 결정하도록 지지하는 태도를 거부한다. 우리는 내담자가 이혼을 검토하거나 결정하는 것을 도와줄 수는 있다. 하지만 그것은 어디까지나 성경적으로 허용되는 부분에 한에서이다. 마치 하나님도 어떤 경우에는 이혼을 허락하셨던 것처럼 말이다. 따라서 우리는 이혼을 지지하는 태도를 취하지 않은 상태에서 내담자가 이혼 과정을 겪어 나가는 과정 중에 내담자를 도울 수 있다. 그러나 이혼 결정권은 언제나 내담자에게 있어야만 한다.

이혼을 중재하는 기독교 상담가는 자신이 지금 이혼을 승인하는 것은 아니지만, 그보다는 이혼이 불가피한 경우에 적대적인 기소가

will consider and inform clients of alternative means to abortion and, as far as it is possible, will continue to serve clients and work compassionately with them through the abortion crisis.

1-124 Application to Divorce

Christian counselors refuse to assume the decision for client divorce. We may assist clients in analyzing and making the decision to divorce, insofar as it is biblically permissible, as God does allow for divorce in some cases. Therefore, we may assist clients through the divorce process without being a divorce advocate, as that divorce decision must always reside in and be owned by the client.

Christian counselors working in divorce mediation will be careful to communicate that such work is not an endorsement of divorce, but rather a decision to offer a better choice than adversarial litigation and its destructive family impact when divorce is inevitable.

1-125 Application to Premarital and Extramarital Sexual Behavior

Christian counselors refuse to condone or advocate for the pursuit of or active involvement in pre-marital and extra-marital sexual behavior by clients—promoting an affair is never proper

일어나고 그것으로 인해 가정이 파괴되는 충격보다는 나은 선택을 제안하도록 하려는 결정에서 나온 것임을 내담자에게 배려하는 마음으로 잘 전달해야 한다.

1-125 혼전 성 행위나 혼외 성 행위에 대한 적용

기독교 상담가는 내담자가 혼전이나 혼외 성 행위를 추구하거나 적극적으로 연루되어 있는 것을 너그럽게 봐주거나 옹호하는 것을 거부한다―불륜을 조장하는 것은 결혼 문제에 대한 해결책으로서 결코 적절한 상담이 못 된다. 우리는 성 행위가 결혼 생활 내에서 한 남자와 한 여자로 제한될 때 하나님의 선한 창조이며 매우 기쁜 선물이 된다는 것을 인정한다. 우리는 성 행위와 성 정체성, 그리고 성적 유혹 등의 문제들을 해결하려는 욕구에는 동의하고 지지할 수 있다. 하지만 그러한 문제들이 언급되는 가운데서 성적으로 금욕하라거나 성경적으로 금지된 성적 행위는 하지 말라고 권할 것이다.

1-126 동성애와 성전환에 대한 적용

기독교 상담가는 내담자가 동성애, 성전환, 이성의 복장을 입기, 동성애자와 성전환자의 생활양식을 채택하기 등을 추구하거나 그런 것에 적극적으로 연루되는 것을 너그럽게 봐주거나 옹호하는 것을 거부한다. 우리는 동성애적이나 성전환적 정체성과 그런 것에 끌리는 문제들을 해결하고자 하는 소망에는 동의하거나 지지할 수 있다.

counsel as a solution to marital problems. We acknowledge that sex is God's good creation and a delightful gift when confined to one man and one woman in marriage. We may agree to and support the wish to work out issues of sexual behavior, identity, and attractions, but will encourage sexual celibacy or biblically proscribed sexual behavior while such issues are being addressed.

1-126 Application to Homosexual and Transgendered Behavior

Christian counselors refuse to condone or advocate for the pursuit of or active involvement in homosexual, transgendered, and cross-dressing behavior, and in the adoption gay & lesbian & transgendered lifestyles by clients. We may agree to and support the wish to work out issues of homosexual and transgendered identity and attractions, but will refuse to describe or reduce human identity and nature to sexual reference or orientation, and will encourage sexual celibacy or biblically proscribed sexual behavior while such issues are being addressed.

Christian counselors differ, on biblical, ethical, and legal grounds, with groups who abhor and condemn reparative therapy, willingly offering it to those who come into counseling with a genuine desire to be set free of homosexual attractions and

그러나 인간의 성적 기호나 취향에 대한 정체성과 본질을 묘사하거나 축소하는 것을 거부한다. 또한 그런 문제들이 언급되는 동안에는 성적 금욕이나 성경에 따라서 성적 행위를 금하라고 격려할 수도 있다.

기독교 상담가는 성경적, 윤리적, 법적 토대를 근거로 회복 치료를 혐오하거나 비난하는 일단의 무리들과는 달리 동성애적 유혹으로부터 자유롭게 벗어나려거나 동성애적 행위와 생활양식으로부터 떠나려고 하는 참된 소망을 가지고 상담을 받으려고 오는 사람들에게 기꺼이 상담을 제공한다. 회복 치료에 있어서 내담자는 이성애적 관계와 결혼 생활이나 일생에 있어서의 성적인 금욕 생활 가운데 한쪽을 택하는 것이 타당하고 기능적이다.

동성애로의 변화나 회복 치료에 관계해서 어떤 사람들은 변화되어 모든 동성애적 행위나 동성애에 대한 이끌림으로부터 자유롭게 벗어날 수 있지만, 어떤 사람들은 변화되기는 했지만 여전히 동성애에 대한 이끌림과 이따금 투쟁을 벌이는 경우도 있으며, 어떤 사람들은 변화되지 못한다는 것을 인정한다.

1-127 안락사와 조력 자살에 대한 적용

기독교 상담가는 적극적인 형태의 안락사와 조력 자살을 너그럽게 봐주거나 옹호하는 것을 거부한다. 우리는 인공적인 수단으로 생명을 연장하지 않으려는 소망에 동의하고 지지할 수 있다. 또한 호스피스와 약의 보다 효과적인 적용, 그리고 통증이나 고통을 줄여 주는

leave homosexual behavior and lifestyles behind. Either goal of heterosexual relations and marriage or lifelong sexual celibacy is legitimate and a function of client choice in reparative therapy.

It is acknowledged that some persons engaged in same-sex change or reparative therapy will be able to change and become free of all homo-erotic behavior and attraction, some will change but will still struggle with homosexual attraction from time to time, and some will not change away from homosexual practices.

1-127 Application to Euthanasia and Assisted Suicide

Christian counselors refuse to condone or advocate for active forms of euthanasia and assisted suicide. We may agree to and support the wish not to prolong life by artificial means, and will often advocate for hospice care, more effective application of medicine, and other reasonable means to reduce pain and suffering.

Regarding patients or clients who wish to die, we will not deliver, nor advocate for, nor support the use of drugs or devices to be utilized for the purpose of ending a patient's life. We recognize that the death of a patient may occur as the unintended and secondary result of aggressive action to alleviate a terminally ill patient's extreme pain and suffering.

So long as there are no other reasonable methods to alleviate

다른 합리적인 수단들을 종종 지지하며 옹호한다.

죽기를 소망하는 환자나 내담자와 관련해서 우리는 내담자의 생명을 종결지으려는 목적으로 이용되는 약이나 장치들을 전달해 주지 않을 것이며, 그것들의 사용을 옹호하거나 지지하지도 않는다. 우리는 임종을 앞둔 환자의 극심한 통증이나 고통을 경감시키려는 보다 적극적인 행위에서 나온 의도하지 않은 부차적인 결과로서 환자가 생명을 잃게 될 수도 있다는 것을 인정한다.

따라서 그러한 통증이나 고통을 경감시키기 위한 다른 합리적인 방법이 없는 경우에 한해 기독교 상담가는 건전한 의료 행위에 맞추어서, 그리고 내담자나 내담자의 위임자의 동의에 따라서 그와 같은 보다 적극적인 통증 관리를 임의로 지지하거나 옹호할 수 있다.

1-130 성적 부당 행위는 금지된다

목회적이나 전문 직업적, 혹은 평신도 관계에 있어서 부당한 성적 행동은 그 어떤 형태라도 비윤리적이다. 여기에는 모든 종류의 성적 착취, 속임, 조작, 남용, 희롱, 성적으로 연루된 관계, 충분한 설명에 의한 자발적 동의가 존재한다고 여겨지는 관계 등이 모두 포함된다. 상호 동의에 의한 것이라 할지라도 그것이 돕는 관계에 존재하는 내재적인 힘의 불균형이나 혼외적인 성적 행동의 부도덕성으로 인해 일어났다는 것이 명백하다면, 그것은 미혹된 것으로 잘못된 것이다.

금지된 성적 행위나 속임수 행위에는 일단 제한이 없으며, 그 어떤

such pain and suffering, the Christian counselor is free to support, advocate for, and participate in such aggressive pain management in accordance with sound medical practice, and with the informed consent of the patient or the patient's authorized representative.

1-130 Sexual Misconduct Forbidden

All forms of sexual misconduct in pastoral, professional, or lay relationships are unethical. This includes every kind of sexual exploitation, deception, manipulation, abuse, harassment, relations where the sexual involvement is invited, and relations where informed consent presumably exists. Due to the inherent power imbalance of helping relationships and the immoral nature of sexual behavior outside of marriage, such apparent consent is illusory and illegitimate.

Forbidden sexual activities and deceptions include, but are not limited to, direct sexual touch or contact; seductive sexual speech or non verbal behavior; solicitation of sexual or romantic relations; erotic contact or behavior as a response to the sexual invitation or seductive behavior of clients; unnecessary questioning and/or excessive probing into the client's sexual history and practices; inappropriate counselor disclosures of client attractiveness, sexual opinions, or sexual humor; advocacy of

것이라도 포함될 수 있다. 거기에는 직접적인 성적 접촉, 유혹적인 성적 언어 혹은 비언어적 행동, 성적이나 로맨틱한 관계로의 유혹, 내담자가 상담자를 성적으로 끌어들이거나 유혹하려는 행동에 반응하여 나온 성적 접촉이나 행동, 내담자의 성적 과거나 실제를 불필요하게나 과도하게 탐문하는 행위, 내담자의 매력을 부적절하게 표출시키는 행위, 성적 의견, 성적 유머, 상담자-내담자의 성적 관계에 대한 치료적 가치를 자기 변호하는 행위, 인터넷이나 기타 전자 통신 수단 등을 통해서 은밀한 성적 의사소통이나 익명의 가상 관계, 의견이나 접촉 혹은 특정한 행동에 대한 약속이나 위협을 통한 성적 희롱, 이 부분에 적용될 수 있는 모든 법, 윤리, 교회, 조직, 실제 정책 방침 등에 기술된 성적인 부당 행위 등이 모두 포함된다.

1-131 이전에 내담자였던 사람과의 성적 관계는 금지된다

이전에 내담자였던 사람과 가지는 위의 1-130에 정의된 모든 성적 관계는 비윤리적이다. 더 나아가 우리는 심지어 첫 만남에서라 할지라도 성적이나 로맨틱한 관계를 추구하려는 목적으로 내담자나 교회 교인과의 관계를 종결하거나 다른 곳에 소개하지 않는다.

1-132 결혼 배우자/성적 상대방과의 상담

기독교 상담가는 현재나 과거의 성적/결혼 배우자와는 상담하지 않으며, 적절한 곳에 소개한다.

the healing value of counselor-client sexual relations; secretive sexual communications and anonymous virtual interaction via the Internet or other electronic and informational means; sexual harassment by comments, touch, or promises/threats of special action; and sexual misconduct as defined by all applicable laws, ethics, and church, organizational, or practice policies.

1-131 Sexual Relations with Former Clients Forbidden

All sexual relations as defined in 1-130 above with former clients are unethical. Furthermore, we do not terminate and refer clients or parishioners, even at first contact, in order to pursue sexual or romantic relations.

1-132 Counseling with Marital/Sexual Partners

Christian counselors do not counsel, but make appropriate referral, with current or former sexual and/or marital partners.

1-133 Marriage with Former Clients/Patients

Since marriage is honorable before God, the lone exception to this rule against marriage to a former client, is a case anticipating marriage, so long as (1) counseling relations were properly terminated, and not for the purpose of pursuing marriage or romantic relations, (2) the client is fully informed that any fur-

1-133 이전에 내담자/환자였던 사람과의 결혼

결혼 제도는 하나님 앞에서 존귀하다. 그런 이유로 이전에 내담자였던 사람과의 결혼을 반대하는 이 규칙에 예외로 결혼을 고려할 수 있는 경우가 다음과 같은 상황에서 존재한다: (1) 상담 관계가 적절하게 종결되었고, 동시에 그것이 결혼이나 로맨틱한 관계를 목적으로 종결된 것이 아닌 경우, (2) 내담자가 앞으로의 상담은 반드시 다른 상담가에 의해서 이루어져야만 한다는 것이 충분하게 설명된 경우, (3) 상담가와의 다른 관계의 결과로 내담자나 내담자의 가족에게 아무런 해나 착취가 존재하지 않는 경우, (4) 결혼 시기가 상담이나 돕는 관계가 종결된 이후 적어도 2년이 지난 경우.

1-140 이중이나 다중 관계

이중 관계는 적절한 전문 직업적이나 목회적 경계를 넘어서는 것과 관련이 있다. 이중 관계란 둘이나 그 이상의 역할이 하나의 양태로 혼합되어서 상담 관계에 해를 끼칠 수 있는 경우를 말한다. 예를 들면 상담에 개인적, 우정적, 사업적, 재정적, 성적이나 로맨틱한 관계 등이 더해진 경우가 포함된다.

어떤 이중 관계는 비윤리적이다—즉, 이중 관계 그 자체라기보다는 내담자를 착취하는 것이 잘못된 것이다. 그리스도의 몸 안에서의 지체의 연결을 해롭게 한다는 절대적인 적용에 근거해서 우리는 모든 형태의 이중 관계가 그 자체로 해로우며, 따라서 분명하게 부적절

ther counseling must be done by another, (3) there is no harm or exploitation of the client or the client's family as a result of different relations with the counselor, and (4) the marriage takes place two years or more after the conclusion of a counseling or helping relationship.

1-140 Dual and Multiple Relationships

Dual relationships involve the breakdown of proper professional or ministerial boundaries. A dual relationship is where two or more roles are mixed in a manner that can harm the counseling relationship. Examples include counseling plus personal, fraternal, business, financial, or sexual and romantic relations.

Some dual relationships are not unethical—it is client exploitation that is wrong, not the dual relationship itself. Based on an absolute application that harms membership bonds in the Body of Christ, we oppose the ethical-legal view that all dual relationships are per se harmful and therefore invalid on their face. Many dual relations are wrong and indefensible, but some dual relationships are worthwhile and defensible (per section 1-142 below).

1-141 The Rule of Dual Relationships

While in therapy, or when counseling relations are imminent,

하다는 윤리적-법적 견해에는 반대한다. 많은 이중 관계가 잘못되었고 변호의 여지가 없는 것이 사실이지만, 어떤 이중 관계는 그럴 만한 가치가 있으며 변호의 여지가 있다(아래의 항목 1-142에 의해서).

1-141 이중 관계에 대한 규칙

치료 중에나 상담 관계가 곧 시작되는 경우 혹은 상담이 종결된 후 적당한 시간이 경과했을 때에는, 기독교 상담가는 내담자와 이중 관계에 들어서지 않는다. 어떤 이중 관계는 항상 피해야 한다—성적이나 로맨틱한 관계와 가까운 친구, 가족, 고용인, 상담훈련생과의 상담이 거기에 해당된다. 그 외의 다른 이중 관계도 곤란을 일으킬 수 있다고 가정되어야 하며, 가능한 한 회피되어야 한다.

1-142 규칙에 대한 예외를 입증

기독교 상담가는 이중 관계가 정당한지의 여부를 다음의 것들을 보여 줌으로써 스스로 입증해야 할 의무가 있다: (1) 충분한 설명에 근거한 자발적 동의서와 여기에는 상담 이외의 다른 관계들이 계속해서 진행되는 과정에서, 어떻게 상담 관계 자체가 해로움을 입을 수 있을지에 대한 논의가 포함된다. (2) 내담자에게 해를 끼치거나 착취 행위가 없다는 것.

일반적으로 가까운 관계가 상담자-내담자 관계나 형식을 갖춘 평신도 도움 관계로 바뀌게 되면, 그런 모든 가까운 관계는 비윤리적이

or for an appropriate time after termination of counseling, Christian counselors do not engage in dual relations with counselees. Some dual relationships are always avoided—sexual or romantic relations, and counseling close friends, family members, employees, or supervisees. Other dual relationships should be presumed troublesome and avoided wherever possible.

1-142 Proving an Exception to the Rule

The Christian counselor has the burden of proving a justified dual relationship by showing (1) informed consent, including discussion of how the counseling relationship might be harmed as other relations proceed, and (2) lack of harm or exploitation to the client.

As a general rule, all close relations are unethical if they become counselor-client or formal lay helping relations. Dual relations may be allowable, requiring justification by the foregoing rule, if the client is an arms-length acquaintance—if the relationship is not a close one. This distinction is crucial in the applications below.

1-143 Counseling with Family, Friends, and Acquaintances

Christian counselors do not provide counseling to close family or friends. We presume that dual relations with other family

다. 내담자와의 교제 범위가 일정한 거리를 둔 상태라면—즉, 그 관계가 가까운 관계가 아니라면 이중 관계는 허용될 수도 있으며, 그 경우에도 위의 규칙에 따라서 그 관계가 합리적으로 정당화되어야 한다. 이 구별은 아래의 적용에 대해서는 매우 엄격하다.

1-143 규칙에 대한 예외를 입증

기독교 상담가는 가까운 가족이나 친구에게는 상담을 제공하지 않는다. 우리는 가족, 아는 사람, 친구, 동호회, 협회, 그룹 회원 등과의 이중 관계가 잠재적으로 문제를 일으킬 소지가 있으며, 최대한 회피되어야 하고, 그렇지 못할 경우에는 합리적인 정당화가 요구된다고 가정한다.

1-144 사업이나 경제적 관계

기독교 상담가는 내담자와의 동업이나 고용 관계, 가까운 사업적 연합을 피한다. 물물교환 관계도 잠재적으로 문제를 일으킬 소지가 있는 것으로 간주해서 보통은 피하며, 합리적 정당화가 요구된다. 따라서 만일 행해지는 경우에는 물물교환은 올바른 비율에 따라 이루어지며, 일상적으로 이루어지는 일이 되지는 않는다. 필요불가결한 경우에 따라 합리적 정당화가 이루어지지 않고서는 내담자와의 고객 관계는 일반적으로 피한다.

members, acquaintances, and fraternal, club, association, or group members are potentially troublesome and best avoided, otherwise requiring justification.

1-144 Business and Economic Relations

Christian counselors avoid partnerships, employment relations, and close business associations with clients. Barter relations are normally avoided as potentially troublesome, and require justification; therefore if done, barter is a rare and not a common occurrence. Unless justified by compelling necessity, customer relations with clients are normally avoided.

1-145 Counseling with Fellow Church Members

Christian counselors do not provide counseling to fellow church members with whom they have close personal, business, or shared ministry relations. We presume that dual relations with any other church members who are clients are potentially troublesome and best avoided, otherwise requiring justification. Pastors and church staff helpers will take all reasonable precautions to limit the adverse impact of any dual relationships.

1-146 Termination to Engage in Dual Relations Prohibited

Christian counselors do not terminate counseling to engage in

1-145 교회 동료 교인과의 상담

기독교 상담가는 가까운 개인적이나 사업적 관계, 혹은 목회 동역자 관계에 있는 교회 동료 교인에게는 상담을 제공하지 않는다. 내담자가 교회 교인인 경우에는 그와의 이중 관계는 잠재적으로 문제를 일으킬 소지가 있으며 최대한 회피되어야 하고, 그렇지 못한 경우에는 합리적 정당화가 요구된다. 목회자와 교회에서 돕는 일을 맡은 직원(church staff helper)들은 어떠한 이중 관계에서라도 거기서 발생하는 해로운 결과를 막기 위해 모든 합리적인 예방책을 강구할 것이다.

1-146 이중 관계로 인한 종결은 금지한다

기독교 상담가는 어떤 종류의 이중 관계라도 거기에 연루되었다고 해서 상담을 종결하지는 않는다. 어떤 상담가와 그들의 과거 내담자는 합리적으로 정당하게 상담을 종결하고 다른 형태의 관계를 가지기로 결정하였다면, 이제 앞으로의 상담은 누군가 다른 사람과 하기로 상호 동의한다.

- **ESI-200 기독교 상담의 수행**

1-210 기독교 상담을 수행하도록 부름받은 것을 영광으로 삼는다

기독교 상담가는 성실하게 가장 최고의 수준에서 상담을 수행하도록 유지한다. 우리는 우리 자신과 다른 사람들, 특별히 우리의 지도

dual relationships of any kind. Some counselors and their former clients will agree that any future counseling will be done by someone else if, after legitimate termination, they decide to pursue another form of relationship.

• ES1-200 Competence in Christian Counseling

1-210 Honoring the Call to Competent Christian Counseling

Christian counselors maintain the highest standards of competence with integrity. We know and respect the boundaries of competence in ourselves and others, especially those under our supervision. We make only truthful, realistic statements about our identity, education, experience, credentials, and about counseling goals and process, avoiding exaggerated and sensational claims. We do not offer services or work beyond the limits of our competence and do not aid or abet the work of Christian counseling by untrained, unqualified, or unethical helpers.

1-220 Duties to Consult and/or Refer

Christian counselors consult with and/or refer to more competent colleagues or supervisors when these limits of counseling competence are reached: (1) when facing issues not dealt with before or not experienced in handling, (2) when clients need fur-

감독하에 있는 사람들과 관련해서 상담 수행의 범위를 인지하고 존중한다. 우리는 우리의 정체성, 교육, 경험, 신용, 상담 목표와 과정에 대해서 오직 진실하고 사실적으로 진술하며, 과장되거나 감각적인 주장은 피한다. 우리는 우리의 수행 능력의 범위를 벗어나서 상담을 제공하거나 일하지 않으며, 훈련 받지 않거나, 자격이 없거나, 비윤리적인 조력자들에 의해서 기독교 상담 사역을 돕도록 하거나 수행하도록 방조하지 않는다.

1-220 자문을 구하거나 다른 곳에 소개할 의무

기독교 상담가는 다음과 같이 상담 수행 능력의 한계에 도달했을 때 보다 수행 능력이 뛰어난 동료나 지도 감독자에게 자문을 구하거나 그들에게 내담자를 소개한다: (1) 현재 직면한 문제를 이전에 다루어 본 적이 없거나 경험해 본 적이 없을 때, (2) 내담자가 우리의 훈련이나 실습의 범위를 넘어서는 도움을 필요로 할 때, (3) 상담자나 내담자가 상담과 관련해서 막히거나 혼란스러운 느낌을 받았을 때와 어떻게 해야 할지가 분명하지 않을 때, (4) 내담자가 일정한 회기 이상의 상담을 받았는데도 상황이 악화되거나 현실적인 소득이 없을 때. 기독교 상담가는 모든 자문을 구하거나 소개를 하는 상황에서 내담자의 목표와 은밀한 개인적 이익을 존중한다.

ther help outside the scope of our training and practice, (3) when either counselor or clients are feeling stuck or confused about counseling and neither is clear what to do about it, or (4) when counselees are deteriorating or making no realistic gain over a number of sessions. Christian counselors shall honor the client's goals and confidential privacy interests in all consultations and referrals.

1-221 Consultation Practice

When counseling help is needed, and with client consent, consultation may be attempted first, when in the client's best interest and to improve helper's knowledge and skill where some competence exists. Counselors shall take all reasonable action to apply consultative help to the case in order to gain/maintain ground toward client objectives. The consultant shall maintain a balanced concern for the client discussed and the practice/education needs of the consultee, directing the counselor-consultee to further training or special resources, if needed.

1-222 Referral Practice

Referral shall be made in situations where client need is beyond the counselor's ability or scope of practice or when consultation is inappropriate, unavailable, or unsuccessful. Refer-

1-221 자문의 실제

상담 도움이 필요할 때는, 내담자의 최선의 이익과 어느 정도 상담 수행 능력을 가진 조력자의 지식과 기술의 향상을 위해서 내담자의 동의하에 먼저 자문을 구해 볼 수 있다. 상담가는 내담자의 목표를 향한 토대를 마련하거나 유지하기 위해서 모든 합리적인 행동을 취해서 자문 받은 도움을 상담 사례에 적용시켜야 한다. 자문을 주는 쪽에서는 토론된 내담자와 자문을 구한 쪽의 실습과 교육 사이에서 균형 있게 관심을 유지할 것이며, 필요한 경우에는 자문을 구한 상담자에게 보다 더 훈련을 받는 쪽으로나 특별한 자원을 얻도록 안내할 것이다.

1-222 소개의 실제

소개는 내담자의 필요가 상담자의 능력이 실습의 범위를 넘어서거나 혹은 자문이 부적절하거나, 유효하지 않거나, 성공적이지 못한 상황에서 이루어져야 한다. 소개는 반드시 내담자에게 여러 가지 소개 자원들 중에 충분히 정보가 전달된 몇 가지 경우를 놓고 선택할 수 있도록 한 후에 이루어져야 한다. 소개를 받은 상담가는 내담자와 소개하는 상담자나 교회 사이에서 이미 존재했던 약속을 최대한 존중해야 한다.

1-223 가능한 한 기독교적 도움을 구하라

상담이나 소개의 경우에 기독교 상담가는 지식, 기술, 전문성에 있

rals should be done only after the client is provided with informed choices among referral sources. As much as possible, counselors referred to shall honor prior commitments between client and referring counselor or church.

1-223 Seek Christian Help, If Available

When consulting or referring, Christian counselors seek out the best Christian help at a higher level of knowledge, skill, and expertise. If Christian help is not available, or when professional skill is more important than the professional's beliefs, Christian counselors shall use the entire network of professional services available.

1-224 Avoid Counsel Against Professional Treatment

Christian counselors do not counsel or advice against professional counseling, medical or psychiatric treatment, the use of medications, legal counsel, or other forms of professional service merely because we believe such practice is per se wrong or because the provider may not be a Christian.

1-230 Duties to Study and Maintain Expertise

Christian counselors keep abreast of and, whenever possible, contribute to new knowledge, issues, and resources in Christian

어서 최고의 수준에서 최선의 기독교적 도움을 구한다. 만일 기독교적 도움이 손에 닿지 않는 곳에 있다거나 전문적인 기술이 전문적인 신앙보다 더 요긴하게 필요한 경우에는 기독교 상담가는 가능한 모든 전문적인 서비스 네트워크를 가용해야 한다.

1-224 전문적인 치료에 상반되는 상담은 피하라

기독교 상담가는 전문적인 상담, 의료적이나 정신의학적 치료, 약의 사용, 법적 상담, 기타 다른 형태의 전문적인 서비스 등과 관련해서, 거기서 행하는 것 자체가 나쁘다고 믿거나 그 제공자가 기독교인이 아니라는 이유로 그런 것들에 상반되게 상담하거나 조언하지 않는다.

1-230 전문 지식을 연구하고 유지할 의무

기독교 상담가는 기독교 상담과 그 관계 분야에 있어서 새로운 지식, 주제, 자원들에 뒤지지 않고 따라갈 것이며, 가능하다면 언제든지 거기에 공헌하도록 한다. 우리는 보다 더 효과적으로 도우며, 보다 더 윤리적으로 실천하기 위해서 적극적으로 연구 프로그램에 참여할 것이며, 계속해서 교육을 받으며, 개인적/전문적 성장을 지속적으로 유지한다. 우리는 상담과 임상 실습의 인정된 특별한 분야에서 전문적인 지식을 얻기로 선택하였다면, 실제로 활약하거나 그렇게 하기로 광고하기 전에 특별한 훈련, 지도 감독, 높은 수준의 자격증

counseling and our respective fields. We maintain an active program of study, continuing education, and personal/professional growth to improve helping effectiveness and ethical practice. We seek out specialized training, supervision, and/or advanced certification if we choose to gain expertise and before we practice and advertise in recognized specialty areas of counseling and clinical practice.

1-240 Maintaining Integrity in Work, Reports, and Relationships

Christian counselors maintain the highest standards of integrity in all their work, in professional reports, and in all professional relationships. We delegate to employees, supervisees, and other subordinates only that work these persons can competently perform, meeting the client's best interest and done with appropriate supervision.

1-250 Protective Action When Personal Problems Interfere

Christian counselors acknowledge that sin, illnesses, mental disorders, interpersonal crises, distress, and self-deception still influence us personally—and that these problems can adversely affect our clients and parishioners. When personal problems flare to a level that harm to one's clients is realized or is highly

등을 추구해야 할 것이다.

1-240 사역, 보고, 관계에 있어서 성결함을 유지하기

기독교 상담가는 자신의 모든 사역, 전문 직업적인 보고, 그리고 모든 전문 직업적인 관계에 있어서 최고 수준의 성결함을 유지한다. 우리는 고용인, 지도 감독 훈련생, 그리고 기타 예하 사람들에게는 오직 그들이 내담자의 최선의 이익을 충족시키며, 적절한 지도 감독을 받는 상태에서 온전하게 일을 수행할 수 있는 그런 일만을 위임하도록 한다.

1-250 개인적인 문제들을 간섭할 때 보호하는 행동

기독교 상담가는 죄, 질병, 정신 장애, 대인관계 위기, 고민, 자기기만 등이 여전히 우리에게 개인적으로 영향을 미치며—그래서 이런 문제들이 우리의 내담자와 교회 교인들에게 해로운 방향으로 영향을 미칠 수 있다는 것을 인정한다. 기독교 상담가의 개인적인 문제들이 내담자에게 해를 끼친다고 인식되거나 곧 그렇게 될 것 같을 정도의 신호가 보이면, 그 상담가는 해를 끼치거나 끼칠 것 같은 그와 같은 특정한 전문 직업적-목회적 활동들을 그만두거나 거절해야 할 것이다. 그 기간 동안에 그 상담가는 가능한 한 문제를 해결하고 온전하게 기능하는 사역으로 복귀하는 데 도움이 될 회복 자원들을 찾고 활용해야 할 것이다.

likely, the Christian counselor will refrain from or reduce those particular professional-ministerial activities that are or could be harmful. During such times, the counselor will seek out and use those reparative resources that will allow for problem resolution and a return to a fully functioning ministry, if possible.

• ES1-300 Informed Consent in Christian Counseling

1-310 Securing Informed Consent

Christian counselors secure client consent for all counseling and related services. This includes the video/audio-taping of client sessions, the use of supervisory and consultative help, the application of special procedures and evaluations, and the communication of client data with other professionals and institutions.

Christian counselors take care that (1) the client has the capacity to give consent; (2) we have discussed counseling together and the client reasonably understands the nature and process of counseling; the costs, time, and work required; the limits of counseling; and any appropriate alternatives; and (3) the client freely gives consent to counseling, without coercion or undue influence.

• ES1-300 기독교 상담에 있어서 충분한 설명에 근거한 자발적 동의

1-310 충분한 설명에 근거한 자발적 동의를 확보하기

기독교 상담가는 모든 상담과 그에 관계된 서비스에 대해서 내담자의 동의를 확보한다. 여기에는 내담자와의 상담을 비디오/오디오 녹화하는 것, 지도와 자문 형태의 도움을 이용하는 것, 특별한 절차나 평가를 적용하는 것, 내담자의 자료를 놓고 다른 전문가나 기관과 이야기하는 것들이 포함된다.

기독교 상담가는 (1) 내담자가 동의를 할 능력이 있는지; (2) 상담에 대해서 서로 토론해 왔는지, 그리고 내담자가 상담의 과정, 즉 비용, 시간, 필요한 작업, 상담의 한계, 다른 적절한 대안 등에 대해서 합리적으로 이해하고 있는지; (3) 내담자가 강제적이거나 부당한 영향이 없는 상태에서 상담에 대해 자유롭게 동의하는지에 대해서 주의를 기울인다.

1-320 충분한 상담의 구조와 과정에 대한 동의

기독교 상담가는 상담의 구조와 과정과 관련에서 충분히 고지된 상태에서의 동의가 필요하다는 것을 주의해서 염두에 둔다. 상담 과정의 초기에 상담자와 내담자는 다음과 같은 주제에 대해서 반드시 같이 이야기하고 서로 의견을 일치하도록 한다; 그 주제는 치료의 본질과 과정, 내담자의 문제와 목표, 상담에 일어날 수 있는 문제들과

1-320 Consent for the Structure and Process of Counseling

Christian counselors respect the need for informed consent regarding the structure and process of counseling. Early in counseling, counselor and client should discuss and agree upon these issues: the nature of and course of therapy; client issues and goals; potential problems and reasonable alternatives to counseling; counselor status and credentials; confidentiality and its limits; fees and financial procedures; limitations about time and access to the counselor, including directions in emergency situations; and procedures for resolution of disputes and misunderstandings. If the counselor is supervised, that fact shall be disclosed and the supervisor's name and role indicated to the client.

1-321 Consent from Parent or Client Representative

Christian counselors obtain consent from parents or the client's legally authorized representative when clients are minors or adults who are legally incapable of giving consent.

1-322 Documentation of Consent

Christian counselors will document client consent in writing by professional service contract or consent form, the standard now required in most professional therapy relations, or by case note at the very least.

합리적인 대안들, 상담자의 신분과 자격 증명, 상담 내용에 대한 비밀 보장과 한계, 상담료와 금전상의 절차, 상담자에 대한 시간과 접근의 한계 범위 등이며, 거기에는 비상 상황에 대한 지시와 논쟁이 일어나거나 오해하는 경우를 해결하기 위한 절차들도 포함된다. 만일 상담자가 지도 감독하에 있다면, 현재 그렇다는 사실과 지도 감독자의 이름과 역할이 내담자에게 고지될 것이다.

1-321 환자나 내담자의 대리인으로부터의 동의

기독교 상담가는 내담자가 미성년자이거나 법적으로 동의할 능력이 없는 성인인 경우에는 환자나 내담자의 법적 대리인으로부터 동의를 구한다.

1-322 상담 동의서(Consent Form)

기독교 상담가는 전문적 서비스 계약이나 동의서, 현재 대부분의 전문 직업적 치료 관계에 요구되는 기준 양식, 혹은 적어도 사례에 대한 노트(case note) 등을 통해서 동의된 내용을 문서로 내담자에게 알린다.

1-330 상담에 있어서 성경적-영적 실천(Biblical-Spiritual Practices)에 대한 동의

기독교 상담가는 모든 내담자가 상담에 있어서 뚜렷하게 영적인

1-330 Consent for Biblical-Spiritual Practices in Counseling

Christian counselors do not presume that all clients want or will be receptive to explicit spiritual interventions in counseling. We obtain consent that honors client choice, receptivity to these practices, and the timing and manner in which these things are introduced: prayer for and with clients, Bible reading and reference, spiritual meditation, the use of biblical and religious imagery, assistance with spiritual formation and discipline, and other common spiritual practices.

1-331 Special Consent for More Difficult Interventions

Close or special consent is obtained for more difficult and controversial practices. These include, but are not limited to: deliverance and spiritual warfare activities; cult de-programming work; recovering memories and treatment of past abuse or trauma; use of hypnosis and any kind of induction of altered states; authorizing (by MDs) medications, electro-convulsive therapy, or patient restraints; use of aversive, involuntary, or experimental therapies; engaging in reparative therapy with homosexual persons; and counseling around abortion and end-of-life issues. These interventions require a more detailed discussion with patient-clients or client representatives of the procedures, risks, and treatment alternatives, and we secure

치료 방법을 원한다거나 받아들일 것이라고 가정하지 않는다. 기독교 상담가는 내담자의 선택과 이런 실천 방법에 대한 수용성, 그리고 다음과 같은 영적 방법들을 소개하는 타이밍과 방법에 대해서 내담자를 존중하며 동의를 구한다: 영적 방법들에는 내담자를 위한 기도나 내담자와 같이하는 기도, 성경 읽기와 성경의 인용, 영적 묵상, 성경적이고 종교적인 이미지의 사용, 영적 형태나 훈련을 보조적으로 사용하는 것, 다른 일반적인 영적 훈련 등이 포함된다.

1-331 보다 어려운 상담 치료 간섭에 대한 특별한 동의

보다 어렵거나 논쟁을 야기할 수 있는 상담 실천 상황에 대해서는 비공개적이나 특별한 동의를 얻는다. 여기에는 다음과 같은 것들이 포함되지만, 제한적이지는 않는다: 귀신 축출과 영적 전쟁 행위; 사이비 종교로부터 벗어나게 하는 사역; 과거의 학대받은 일이나 상처에 대한 기억을 상기시키고 치료하는 행위; 최면술이나 현재 상태에 변화를 주고자 하는 모든 종류의 유도 기술의 사용; (의사에 의해) 인가된 의약품, 전기 자극 치료, 혹은 환자의 구속; 혐오적, 비자발적, 혹은 실험적 치료; 동성애자와 회복 치료에 임하는 것; 임신 중절과 안락사와 관련된 상담. 이러한 분야에 대해서 치료적 간섭이 일어나는 경우에는 환자-내담자나 내담자의 위임자와 그 절차, 위험 요소, 치료 방법에 대해서 보다 세부적으로 토론해야 하며, 그 절차에 대한 세부적인 동의를 확실하게 문서로 남긴다.

detailed written agreement for the procedure.

• ES1-400 Confidentiality, Privacy, and Privileged Communication

1-410 Maintaining Client Confidentiality

Christian counselors maintain client confidentiality to the fullest extent allowed by law, professional ethics, and church or organizational rules. Confidential client communications include all verbal, written, telephonic, audio or videotaped, or electronic communications arising within the helping relationship. Apart from the exceptions below, Christian counselors shall not disclose confidential client communications without first discussing the intended disclosure and securing written consent from the client or client representative.

1-411 Discussing the Limits of Confidentiality and Privilege

Clients should be informed about both the counselor's commitment to confidentiality and its limits before engaging in counseling. Christian counselors avoid stating or implying that confidentiality is guaranteed or absolute. We will discuss the limits of confidentiality and privacy with clients at the outset of counseling.

- **ES1-400 비밀 유지, 사생활, 특권을 가진 대화**

1-410 내담자의 비밀을 유지하기

기독교 상담가는 법, 직업윤리, 교회나 조직의 규칙이 허용하는 최대한의 범위에서 내담자의 비밀을 지킨다. 내담자와의 비밀성을 가진 대화라는 것에는 돕는 관계에서 발생하는 언어적 대화, 문서적 내용, 전화, 오디오나 비디오 녹화, 전자 매체에 의한 대화 등 모든 것이 포함된다. 아래에 기재될 예외들은 제외하고, 기독교 상담가는 내담자와의 비밀성을 가진 대화 내용을 공개하는 것과 관련해서 먼저 그 의도를 논의하고 내담자나 내담자의 대리인으로부터 문서화된 동의서를 확실하게 받지 않고서는 그 내용을 공개하지 않는다.

1-411 비밀 유지와 특권의 한계를 논의

내담자는 상담에 임하기에 앞서 비밀 유지와 그 한계 양쪽 모두에 대한 상담자의 성실한 이행에 대해서 고지가 이루어져야만 한다. 기독교 상담가는 비밀 유지를 보장하거나 그 절대성에 대해서 말로만 언급하거나 암시하는 것을 피한다. 우리는 상담의 시작 단계에서부터 비밀 유지와 사생활 보호의 한계에 대해서 내담자와 논의할 것이다.

1-420 공개하라는 요구를 받았을 때 비밀 유지나 특권을 확실하게 하기

내담자와의 대화나 기록에 대한 요구나 요청에 대한 상담자의 가

1-420 Asserting Confidentiality or Privilege Following Demands for Disclosure

Protecting confidential communications, including the assertion of privilege in the face of legal or court demands, shall be the first response of counselors to demands or requests for client communications and records.

1-421 Disclosure of Confidential Client Communications

Christian counselors disclose only that client information they have written permission from the client to disclose or that which is required by legal or ethical mandates. The counselor shall maintain confidentiality of client information outside the bounds of that narrowly required to fulfill the disclosure and shall limit disclosures only to those people having a direct professional interest in the case. In the face of a subpoena, counselors shall neither deny nor immediately comply with disclosure demands, but will assert privilege in order to give the client time to consult with a lawyer to direct disclosures.

1-430 Protecting Persons from Deadly Harm: The Rule of Mandatory Disclosure

Christian counselors accept the limits of confidentiality when human life is imperiled or abused. We will take appro-

장 첫 번째 반응은 상담자와의 비밀스러운 대화의 보호이다. 거기에는 법적으로나 법정의 요구에 직면해서 특권을 확인하는 것도 포함된다.

1-421 내담자와의 비밀스러운 대화의 공개

기독교 상담가는 내담자의 정보에 대해서 내담자로부터 문서로 허가를 받은 부분이나 혹은 법적, 윤리적인 명령에 의해서 요구되는 부분만 공개한다. 상담가는 내담자의 정보에 대해서 공개를 이행하도록 제한적으로 요구되는 범위를 제외하고는 그 비밀성을 유지하며, 해당 사례에 대해서 직접적으로 전문적인 관심을 가지고 있는 사람들에게만 공개하도록 제한한다. 소환장을 받았을 경우에 상담가는 해당 공개 요구를 거부하거나 아니면 반대로 즉각적으로 공개하지도 않을 것이지만, 동시에 내담자로 하여금 변호사에게 직접 공개에 대해서 자문을 받을 수 있도록 시간을 주기 위해서 비밀 보장에 대한 특권을 주장할 것이다.

1-430 치명적인 상해로부터 사람을 보호하기: 의무적으로 공개해야 할 경우에 대한 규칙

기독교 상담가는 인간의 생명이 위험하거나 학대를 받을 때에 비밀 유지의 한계를 수용한다. 우리는 내담자의 자살이나 타살, 아동 학대, 노인 학대, 부양가족에 대한 학대의 징조가 있을 경우에는 인

priate action, including necessary disclosures of confidential information, to protect life in the face of client threats of suicide, homicide, and/or the abuse of children, elders, and dependent persons.

1-431 The Duty to Protect Others

The duty to take protective action is triggered when the counselor (1) has reasonable suspicion, as stated in your state statute, that a minor child (under 18 years), elder person (65 years and older), or dependent adult (regardless of age) has been harmed by the client; or (2) has direct client admissions of serious and imminent suicidal threats; or (3) has direct client admissions of harmful acts or threatened action that is serious, imminent, and attainable against a clearly identified third person or group of persons.

1-432 Guidelines to Ethical Disclosure and Protective Action

Action to protect life, whether you're a client or a third-person, shall be that which is reasonably necessary to stop or forestall deadly or harmful action in the present situation. This could involve hospitalizing the client, intensifying clinical intervention to the degree necessary to reasonably protect against harmful

명의 보호를 위해서 적절한 행동을 취한다. 거기에는 비밀스러운 정보의 필연적인 공개도 포함된다.

1-431 다른 사람을 보호해야 할 의무

보호적인 행동을 의무적으로 취해야 하는 경우는 (1) 상담자가 속한 주의 법에 기술된 대로 미성년자(18세 이하), 노인(65세 이상), 혹은 부양가족(나이에 관계 없이)이 내담자에 의해 해를 당해 왔다고 타당하게 의심이 들 경우; (2) 내담자가 심각하고도 절박하게 자살의 위협을 직접적으로 표현할 경우; (3) 내담자가 분명하게 신원이 밝혀진 제삼자나 단체에 대해서 심각하고, 절박하며, 실행 가능성 있도록 해를 끼치는 행위나 위협적인 행동을 직접적으로 표현할 경우이다.

1-432 윤리적 공개와 보호적인 행동에 대한 지침

내담자이건 제삼자이든 간에 인명을 보호하는 행동의 의미는 현재 상황에서 치명적인 행위나 해를 끼칠 수 있는 행위를 합리적으로 반드시 멈추게 하거나 하지 못하도록 막는 것을 뜻한다. 여기에는 내담자를 입원시키는 것, 해를 끼칠 수 있는 행동을 하지 못하도록 합리적으로 보호하는 데에 필요한 수준으로 임상적 간섭을 강화시키는 것, 다른 전문가에게 자문을 구하거나 의뢰하는 것, 혹은 피해 사실이나 위협을 법적 강제 기관, 보호를 담당하는 기관, 신원이 분명한 제삼자, 보호적인 행동으로 도움을 줄 수 있는 가족 구성원에게 공개

action, consultation and referral with other professionals, or disclosure of harm or threats to law enforcement, protective services, identifiable third-persons, and/or family members able to help with protective action.

1-433 Special Guidelines When Violence is Threatened Against Others

Action to protect third persons from client violence may involve or, in states that have a third-person protection (Tarasoff) duty, require disclosure of imminent harm to the intended victim, to their family or close friends, and to law enforcement. When child abuse or elder abuse or abuse of dependent adults exists, as defined by state law, Christian counselors shall report to child or elder protective services, or to any designated agency established for protective services. We shall also attempt to defuse the situation and/or take preventive action by whatever means are available and appropriate.

When clients threaten serious and imminent homicide or violence against an identifiable third-person, the Christian counselor shall inform appropriate law enforcement, and/or medical-crisis personnel, and the at-risk person or close family member of the threat, except when precluded by compelling circumstances or by state law.

하는 것을 의미할 수 있다.

1-433 폭력이 다른 사람에게 위협적일 때에 대한 특별한 지침

내담자의 폭력으로부터 제삼자를 보호하는 행동에는 의도적으로 희생될 것이 예상되는 사람과 그 사람의 가족이나 가까운 친구들, 그리고 법적 강제 기관에게 해를 끼치는 행동이 곧 임박하다는 것을 알리는 것이 수반되며, 제삼자 보호 (Tarasoff 사건) 의무 규정이 있는 주에서는 그러한 사실을 알리는 것이 요구된다.

내담자가 신분을 확인할 수 있는 제삼자에 대해서 살인이나 폭력을 행사하려는 위협을 심각하고도 임박하게 받는 경우에는 기독교 상담가는 적절한 법적 강제 기관과 응급 구조 요원과/이나 위협의 위험에 처한 당사자나 가까운 가족에게 알릴 것이다. 단, 강제적인 상황이나 법에 의해서 방해를 받을 경우에는 예외로 한다.

내담자의 위협이 심각하기는 하지만 바로 임박하지 않은 경우에는 기독교 상담가는 예방적인 임상적 행위를 통해서, 폭력적인 행위를 향한 위협이 어느 부분에서든지 간에 점점 증가하지 않도록 미리 조취를 취하도록 할 것이다.

1-440 제삼자 비용 지불과 관리된 돌봄의 경우에 있어서의 공개

기독교 상담가는 보험과 제삼의 비용 지불자, 고용인을 돕는 프로그램, 그리고 관리된 돌봄 단체들과 관계해서 내담자의 비밀을 성실

When the client threat is serious but not imminent, the Christian counselor shall take preventive clinical action that seeks to forestall any further escalation of threat toward violent behavior.

1-440 Disclosures in Cases of Third-party Payment and Managed Care

Christian counselors are diligent to protect client confidences in relations with insurance and third party payors, employee assistance programs, and managed care groups. We are cautious about demands for confidential client information that exceed the need for validation of services rendered or continued care. We do not disclose or submit session notes and details of client admissions solely on demand of third-party payors. We will narrowly disclose information that the client has given written authorization only after we have discussed and are assured that the client understands the full implications of authorizations signed or contemplated to sign.

1-450 Disclosures for Supervision, Consultation, Teaching, Preaching, and Publication

Christian counselors do not disclose confidential client communications in any supervisory, consultation, teaching, preaching, publishing, or other activity without written or other legal

하게 보호한다. 우리는 제공된 봉사나 계속된 돌봄의 필요한 범위를 넘어서 내담자의 비밀 정보를 요구하는 것에 대해 주의를 기울인다. 우리는 제삼자 비용 지불자의 단독적인 요구와 관련해서 상담 회기 기록이나 내담자가 말한 세부적 내용을 공개하거나 제출하지 않는다. 우리는 해당 내담자가 문서를 통해 위임한 정보만 제한적으로 공개할 것이며, 그것도 오직 해당 내담자와 먼저 논의를 하고 그가 서명하였거나 서명하기 위해 충분히 심사숙고한 위임의 내용에 대해서 완전히 이해하고 있다는 것이 확인된 후에야 그렇게 할 것이다.

1-450 임상 감독, 자문, 교육, 설교, 출판을 위한 공개

기독교 상담가는 해당 내담자에 의한 문서화되거나 다른 형태의 법적 위임 없이는 어떤 임상 감독 상황에서나, 자문, 교육, 설교, 출판, 여타의 활동 등에 있어서 내담자와의 비밀스러운 대화 내용을 공개하지 않는다. 우리는 사례들을 단체나 공개 토론회에서 발표할 때에 다양한 수단을 통해서 내담자의 신분을 적절하게 위장시킬 것이다. 우리는 단지 이와 같은 위장을 통해서 그것으로 내담자를 보호하기에 충분하다고 생각하지는 않으며, 만일 내담자의 신분을 감추기 어려운 경우에는 내담자의 위임을 얻는 것을 고려할 것이다.

1-460 사생활을 지키고 문서화된 기록 보존하기

기독교 상담가는 내담자와의 대화 내용에 대한 문서화된 기록을

authorization by the client. Counselors under supervision will disclose that fact to their clients. We will adequately disguise client identifiers by various means when presenting cases in group or in public forums. We will not presume that disguise alone is sufficient client protection, but will consider seeking client authorization when client identity is hard to conceal.

1-460 Maintaining Privacy and Preserving Written Records

Christian counselors will preserve, store, and transfer written records of client communications in a way that protects client confidentiality and privacy rights. This requires, at minimum, keeping records files in locked storage with access given only to those persons with a direct professional interest in the materials.

1-461 Maintaining Privacy in Electronic Databases

Christian counselors take special precautions to protect client privacy rights with records stored and transferred by electronic means. This requires, at minimum, use of password entry into all electronic client files and/or coded files that do not use client names or easy identifiers. Client information transferred electronically—FAX, E-mail, or other computerized network transfer —shall be done only after the counselor determines that the

내담자의 비밀과 사생활 권리를 보호하는 방법을 통해서 보존하고, 보관하며, 전송한다. 여기에는 적어도 그 기록을 잠금 장치가 있는 보관소에 보관하는 동시에, 해당 자료들에 대해서 직접적으로 전문 직업적인 관심을 가진 해당 담당자들에게만 접근을 허용하도록 하는 것이 요구된다.

1-461 전자적 데이터베이스에 대한 사생활 지키기
기독교 상담가들은 전자적인 방법으로 저장되거나 전송된 기록들과 관련해서 특별한 주의를 기울여서 내담자의 사생활 권리를 보호하도록 한다. 여기에는 적어도 내담자와 관련된 모든 전자적인 파일과/이나 내담자의 이름이나 쉽게 신분을 알 수 없도록 암호화된 파일을 열 때, 비밀번호를 통해서 입장하도록 하는 방법이 요구된다. 팩스나 이메일, 혹은 기타 컴퓨터 네트워크를 통한 전송과 같이 전자적으로 전송된 내담자의 정보는 오직 데이터의 송수신 절차가 도중에 인터셉트되거나 허가 없이 공개되는 것으로부터 합리적으로 보호된다고 상담자가 결정한 후에야 이루어질 것이다.

1-470 강제적인 권력에 대항한 사생활 권리의 옹호
기독교 상담가는 내담자의 삶에 있어서 가장 은밀하고 민감한 세부 내용—공적으로 공개되는 것을 최선을 다해 막아야만 하는 정보—을 듣는다. 급속하게 확장되고 연동되는 전자적 정보 네트워

process of transmission and reception of data is reasonably protected from interception and unauthorized disclosures.

1-470 Advocacy for Privacy Rights Against Intrusive Powers
Christian counselors hear the most private and sensitive details of client lives—information that must be zealously guarded from public disclosure. Rapidly expanding and interlocking electronic information networks are increasingly threatening client privacy rights. Though federal and state laws exist to protect client privacy, these laws are weak, are routinely violated at many levels, and the record of privacy right enforcement is dismal. Accordingly, Christian counselors are called to wisely protect and assertively advocate for privacy protection on behalf of our clients against the pervasive intrusion of personal, corporate, governmental, even religious powers.

• ES1-500 Ethical Practice in Christian Counseling and Evaluation

1-510 Fees and Financial Relationships in Christian Counseling
Professional Christian counselors will set fees for services that are fair and reasonable, according to the services contracted and time performed, and with due regard for the client's

크는 내담자의 사생활 권리를 점점 더 위협하고 있다. 비록 연방법과 주법이 내담자의 사생활 보호를 위해 존재하기는 하지만, 이러한 법률들은 취약하며 침해가 일상적으로 여러 다양한 수준에서 이루어지고 사생활 권리를 집행하는 기록은 매우 서툰 실정이다. 따라서 기독교 상담가는 개인적, 기업적, 정부적, 심지어는 종교적 권력을 가지고 광범위하게 침입해 오는 것에 대항해서 우리의 내담자를 위해서 사생활을 현명하게 보호하고 단호하게 옹호하도록 요청된다.

- **ES1-500 기독교 상담과 평가에 있어서의 윤리적 실천**

1-510 기독교 상담에 있어서의 상담료와 재정적인 관계

전문 직업적 기독교 상담가는 계약된 서비스와 진행된 시간에 따라서, 그리고 내담자의 지불 능력을 합당하게 고려해서 서비스에 대한 요금을 공정하고도 합리적으로 설정한다. 우리는 요금에 대해서 그리고 내담자나 내담자의 시스템과 우리와의 재정적인 관계에 있어서 어떠한 속임수나 혼동, 오해의 여지가 없도록 한다.

1-511 요금과 지불 내역서의 공개

요금 지불 일정과 규칙은 상담의 처음 개시에 내담자가 살펴볼 수 있도록 분명하게 그 대요가 설명될 것이다. 또한 요금과 지불 일정에

ability to pay. We avoid all deception, confusion, and misrepresentation about fees and in our financial relationships with clients and client systems.

1-511 Disclosure of Fees and Payment History

Fee schedules and rules for payment shall be outlined clearly for client review at the outset of counseling. Moreover, agreement about fees and payment schedules will be made as early as possible in the course of professional relations. We will provide clients or their representatives with a full and accurate account of previous and current charges upon request.

1-512 Sliding Fee Scales Encouraged

Christian counselors are free, within the bounds of biblical, professional, and community standards, to set their own fees. Clinicians are encouraged, however, to use sliding fee schedules, scaled to client's ability to pay, and other reduced payment methods to increase counseling accessibility to those of lesser financial means.

1-513 Pro Bono Work

Christian counselors are encouraged, beyond their fee schedule, to make a portion of their time and services available with-

대한 동의는 전문 직업적 관계의 과정에 있어서 가능한 초기에 이루어질 것이다. 우리는 내담자들이나 혹은 그들의 대리자에게 요청과 관련해서 과거와 현재의 요금 계정 내역을 충분하고도 정확하게 제공할 것이다.

1-512 요금 규모를 슬그머니 조정하는 것이 권장된다

기독교 상담가는 성경적, 전문 직업적, 공동체적 기준의 범위 내에서 자신의 요금을 자유롭게 설정한다. 한편 임상가들은 내담자의 지불 능력에 따라 요금 지불 일정을 슬그머니 조정하거나 재정적으로 비교적 어려운 사람들이 보다 쉽게 상담 기회를 가질 수 있도록 각종 할인 요금 정책을 사용할 것이 권장된다.

1-513 무료 사역

기독교 상담가는 자신의 요금 지불 일정 이외로, 자신의 시간과 봉사의 일정한 부분을 할애해서 요금 지불이 불가능한 사람들에게 대가 없이 혹은 크게 할인된 요금으로 봉사할 것이 권장된다.

1-514 이기적인 재정 관계를 피하기

기독교 상담가는 재정적으로 탐욕적이고 이기적으로 결과되거나 그렇게 보이는 상담은 피한다. 우리는 높은 요금을 지불할 능력이 있다는 것을 근거로 내담자들을 선택하거나 장기적인 치료를 선택하지

out cost or at a greatly reduced fee to those unable to pay.

1-514 Avoiding Self-serving Financial Relations

Christian counselors avoid financial practices that result or appear to result in greedy and self-serving outcomes. We do not select clients or prolong therapy based on their ability to pay high fees, nor do we quickly terminate counseling with low-fee clients. When making referrals, we do not divide fees with other professionals nor accept or give anything of value for making the referral. We do not exaggerate problems nor refer exclusively for specialized services to get clients into special programs or institutions in which we have a proprietary interest.

1-515 Financial Integrity with Insurance and Third-party Payors

Christian counselors maintain financial integrity with client insurers and other third-party payors. We do not charge third-party payors for services not rendered, nor for missed or cancelled appointments, unless specially authorized to do so. We do not distort or change diagnoses to fit restricted reimbursement categories. Any special benefits or reductions in client fees must also be extended in full to third-party payors.

않으며, 낮은 요금을 지불하는 내담자들이라고 해서 상담을 신속하게 종결시키지도 않는다. 다른 곳에 소개할 경우에는 우리는 소개했다는 명목으로 다른 전문가들과 요금을 나눈다거나 어떠한 가치 있는 것을 주고받는 행동을 하지 않는다. 우리는 문제들을 과장하지 않으며, 동시에 특별한 서비스에 배타적으로 소개를 함으로써 개인적으로 소유하고 있는 특별한 프로그램이나 기관에 내담자가 가도록 하지도 않는다.

1-515 보험과 제삼의 비용 지불자와의 재정적인 청렴성

기독교 상담가는 내담자의 보험회사와 기타 제삼의 비용 지불자와 재정적으로 청렴성을 유지한다. 우리는 제삼의 비용 지불자에게 제공하지도 않은 서비스나 빠뜨리거나 취소된 상담 약속에 대해서 요금을 청구하지 않는다. 우리는 제한된 비용 배상 범주에 맞추기 위해서 진단을 왜곡하거나 변경하지 않는다. 내담자의 요금과 관계해서 특별한 이익이나 손실은 어떠한 것이라도 모두 반드시 제삼의 비용 지불자에게 충실하게 연결되어야만 한다.

1-520 사례 노트와 적절한 기록 유지

기독교 상담가는 과거의 상담 회기를 유능하게 회상하고, 자신이나 다른 사람들의 미래의 서비스를 준비하는 데 필요 충분하게 자신의 상담 활동에 대해서 적절하게 문서로 남기는 작업을 유지한다. 법

1-520 Case notes and Proper Record-keeping

Christian counselors maintain appropriate documentation of their counseling activities, adequate for competent recall of prior sessions and the provision of later services by oneself or others. Records used in legal and other official capacities will show the quality, detail, objectivity, and timeliness of production expected by professionals who practice in these arenas.

1-521 Records Maintenance and Ownership

Records of professional activities will be created, maintained, stored, and disposed of in accordance with the law and the ethical duties of the counselor, especially maintaining client confidentiality. Ordinarily, client records belong to the employing organization or to the therapist in a private or group practice. However, in view of the expanding right of client record access and the ethic of continuity of care, clients' records should follow the client. Therefore, in any dispute about record access or ownership at the termination of professional employment, the records will stay with the employer if the therapist is leaving the area and his or her clients, or they should go with the therapist if he or she is staying in the area and the clients are staying with the therapist.

적이고 기타 공식적인 양식에 따라서 이루어진 기록들은 상담 성과와 관련해서 상담 관련 분야에 종사하는 전문가들에 의해서 기대되는 정도의 수준, 세부 내용, 객관성, 시기적 적절성 등을 보여 줄 것이다.

1-521 기록 유지와 소유권

전문 직업적 활동의 기록은 해당 상담가의 법적, 윤리적 의무에 의거해서 만들어지고 저장되고 말소되어야 할 것이며, 특별히 내담자의 비밀 보장을 유지해야 할 것이다. 일반적으로 내담자에 대한 기록은 해당 상담가를 고용한 조직체나 혹은 개인, 그룹 상담을 담당한 상담 치료자에게 귀속된다. 하지만 내담자 기록에 대한 종합적 접근 권리와 돌봄의 연속성에 대한 윤리와 관련해서는, 해당 내담자의 기록들은 그 내담자를 따라가는 것이 마땅하다. 따라서 전문 직업적 고용이 종료되는 시점에서 기록에 대한 접근이나 소유권에 대한 어떠한 논쟁거리와 관련해서, 만일 해당 치료자가 그 지역과 담당 내담자들을 떠나게 되는 경우에는 그 기록은 해당 치료자의 고용주에게 남아 있을 것이며, 혹은 만일 해당 치료자가 그 지역에 계속 머물러 있고 담당 내담자들도 해당 치료자와 같이 머물러 있다면, 그 기록들은 해당 치료자와 함께 남아 있는 것이 마땅하다.

1-530 테스트, 검사, 임상적 평가에 대한 윤리

기독교 상담가는 오직 전문 직업적 관계의 상황에서와 내담자의

1-530 Ethics in Testing, Assessment, and Clinical Evaluation

Christian counselors do clinical evaluations of clients only in the context of professional relations, in the best interests of clients, and with the proper training and supervision. Christian counselors avoid (1) incompetent and inaccurate evaluations, (2) clinically unnecessary and excessively expensive testing, and (3) unauthorized practice of testing and evaluation that is the province of another clinical or counseling discipline. Referral and consultation are used when evaluation is desired or necessary beyond the competence and/or role of the counselor.

1-531 Use of Appropriate Assessments

Christian counselors use tests and assessment techniques that are appropriate to the needs, resources, capabilities, and understanding of the client. We apply tests skillfully and administer tests properly and safely. We substantiate our findings, with knowledge of the reliability, validity, outcome results, and limits of the tests used. We avoid both the misuse of testing procedures and the creation of confusion or misunderstanding by clients about testing purposes, procedures, and findings.

1-532 Reporting and Interpreting Assessment Results

Christian counselors report testing results in a fair, understand-

최대한의 이익을 위해서, 그리고 적절한 훈련과 임상 감독이 동반되는 경우에만 내담자에 대한 임상적인 평가를 수행한다. 기독교 상담가는 (1) 불완전하고 부정확한 평가, (2) 임상적으로 불필요하고 과도한 경비가 요구되는 검사, 그리고 (3) 다른 임상 훈련이나 상담 훈련의 분야에 연루되어 허가되지 않은 검사나 평가의 실행을 회피한다. 평가가 해당 상담자의 능력과/이나 역할을 넘어서기를 요구하거나 필요한 경우에는 다른 전문가에게 소개하거나 자문을 구하는 행위가 필요하다.

1-531 적절한 검사의 사용

기독교 상담가는 내담자의 필요, 자원, 능력, 이해에 적절한 테스트와 검사 기술을 사용한다.

1-532 검사 결과의 보고와 해석

기독교 상담가는 테스트 결과를 공정하고 이해가 가능하며 객관적인 방법으로 보고한다. 우리는 테스트에 있어서의 부당한 편견을 피하며 테스트 결과의 한계를 존중하고, 검증 가능한 수단을 확보함으로써 결론과 추천을 실증하도록 한다. 우리는 테스트 해석의 한계를 인지하고, 내담자의 진단, 행동 예측, 임상적 판단, 추천의 확실성과 관련해서 과장이나 단호한 진술을 피한다. 마땅히 유의해야 할 바는 해당 내담자의 유일하고도 독특한 개인 과거사, 가치, 가족 역동성,

able, and objective manner. We avoid undue testing bias and honor the limits of test results, ensuring verifiable means to substantiate conclusions and recommendations. We recognize the limits of test interpretation, and avoid exaggeration and absolute statements about the certainty of client diagnoses, behavior predictions, clinical judgments, and recommendations. Due regard is given to the unique history, values, family dynamics, sociocultural influences, economic realities, and spiritual maturity of the client. Christian counselors will state any and all reservations about the validity of test results and present reports and recommendations in tentative language and with alternative possibilities.

1-540 Working with Couples, Families, and Groups

Christian counselors often work with multiple persons in session—marriage couples, families or parts of families, and small groups—and should know when these forms of counseling are preferred over or used as an adjunct to individual counseling. In these relationships we will identify a primary client—the group as a unit or the individual members—and will discuss with our client(s) how our differing roles, counseling goals, and confidentiality and consent issues are affected by these dynamics.

사회 문화적 영향, 경제적 관계, 영적 성숙성이다. 기독교 상담가는 테스트 결과의 타당성과 관련해서 모든 내용을 진술할 것이며, 보고와 추천을 제출함에 있어서 가설적인 어휘를 사용하는 동시에 여러 가지 가능성을 더불어 제시하도록 한다.

1-540 부부, 가족, 그룹 사역

기독교 상담가는 상담 회기에 있어서 다양한 사람들—결혼한 부부, 가족, 가족의 일부 구성원, 소그룹—과 종종 일하게 되며, 이들과 같은 상담 형태가 언제 개인 상담보다 더 적합한지, 혹은 언제 개인 상담을 보조하는 역할로 사용되어야 할 때인지를 인지하고 있어야 한다. 이와 같은 관계 상황에서 우리는 일차적 내담자가 누구인지—하나의 그룹 단위인지 아니면 개인 구성원들인지—를 규명할 것이며, 우리의 내담자(들)와 더불어 어떻게 이와 같은 역동성이 우리의 다른 역할들, 상담 목표들, 비밀 보장과 동의 문제들에 영향을 미치는지를 논의할 것이다.

1-541 가족과 그룹 상담에 있어서의 안정성과 정결성

기독교 상담가는 모든 결혼 가족과 그룹 사역에 있어서 자신들의 역할을 공정하며, 편견 없고, 효과적인 조력자로서 유지할 것이다. 우리는 모든 사람에게 접근하기 쉽도록 할 것이며, 곤란한 협력 관계나 불공정한 편들기를 피할 것이다. 그룹이나 가족 상담의 리더로서

1-541 Safety and Integrity in Family and Group Counseling

Christian counselors will maintain their role as fair, unbiased, and effective helpers in all marital, family, and group work. We will remain accessible to all persons, avoiding enmeshed alliances and taking sides unjustly. As group or family counseling leaders, Christian counselors respect the boundary between constructive confrontation and verbal abuse, and will take reasonable precautions to protect client members from any physical, psychological, or verbal abuse from other members of a family or group.

1-542 Confidentiality in Family and Group Counseling (see also ES1-400)

Christian counselors do not promise or guarantee confidentiality in family and group counseling, but rather explain the problems and limits of keeping confidences in these modes of therapy. We communicate the importance of confidentiality and encourage family or group members to honor it, including discussion of consequences for its breach. Christian counselors do not share confidences by one family or group member to others without permission or prior agreement, unless maintaining the secret will likely lead to grave and serious harm to a family member or someone else.

기독교 상담가는 건설적인 직면과 언어적 남용 사이의 경계를 잘 구분하며, 합리적으로 사전에 주의를 기울여서 내담자를 내담자의 다른 가족 구성원이나 내담자가 속한 그룹의 다른 구성원으로부터 오는 어떠한 육체적, 심리적, 언어적 남용으로부터 보호할 것이다.

1-541 가족과 그룹 상담에 있어서의 비밀 보장(ES1-400을 보라)
기독교 상담가는 가족 상담과 그룹 상담 형태에서 비밀 보장을 약속하거나 보장하지 않는다. 그보다는 오히려 이와 같은 형태의 상담 치료에 있어서 비밀 보장을 유지하는 것의 문제점과 한계를 설명한다. 우리는 비밀 보장의 중요성에 대해서 알릴 것이고 가족이나 그룹 구성원들로 하여금 그것을 존중하도록 격려하며, 거기에는 그것을 파괴했을 때의 결과에 대한 논의도 포함된다. 기독교 상담가는 허가나 먼저 동의가 이루어지지 않은 상태에서는 가족이나 그룹의 한 구성원에 대한 비밀을 공유하지 않지만, 만일 그 비밀을 유지하는 것으로 인해서 가족 구성원이나 다른 누군가에게 중대하고도 심각한 해를 끼치도록 거의 유도된다면 비밀을 공유한다.

1-543 역할 충돌을 피하기와 해결하기
만일 기독교 상담가가 충돌을 일으키는 역할을 수행하여 일말의 비윤리적인 결과를 낳도록 요구될 때는 (예: 내담자의 이혼에 있어서 내담자에게 불리한 증인이 되어서 '비밀'을 유지하라는 압력을 받거나 증언하라고 소

1-543 Avoiding and Resolving Role Conflicts

If/when Christian counselors are asked to perform conflicting roles with possible unethical consequences (i.e.: pressure to keep 'secrets' or called to testify as an adverse witness in a client's divorce), we will clarify our therapeutic, neutral, and mediative role and/or decline to serve in a conflicted capacity, if possible. Some counselors will contract for professional neutrality at the beginning of professional relations, securing client agreement not to have oneself or one's records subpoenaed or deposed in any legal proceeding.

1-550 Working with Persons of Different Faiths, Religions, and Values

Christian counselors do not withhold services to anyone of a different faith, religion, denomination, or value system. We work to understand the client's belief system and always maintain respect for the client. We strive to understand when faith and values issues are important to the client and foster values-informed client decision-making in counseling. We share our own faith only as a function of legitimate self-disclosure and when appropriate to client need, always maintaining a humility that exposes and never imposes the way of Christ.

환되는 경우), 우리는 우리의 치료적, 중립적, 화해적 역할을 분명하게 밝히고/거나 가능하면 충돌이 되는 역할을 맡는 것을 거절한다. 어떤 상담자들은 전문 직업적인 관계를 시작하는 초기에 전문 직업적인 중립성을 계약에 포함시킬 것이며, 동시에 어떠한 법적 소송에 있어서라도 자신이나 자신의 기록이 소환에 응하지도, 증언하지도 않을 것임을 내담자에게 확실하게 동의하도록 할 것이다.

1-550 다른 신념, 종교, 가치관을 가진 사람과의 사역

기독교 상담가는 다른 신념, 종교, 종파, 가치 체계를 가진 사람 어느 누구에게라도 서비스를 제공하는 것을 금하지 않는다. 우리는 해당 내담자의 신념 체계를 이해하고 항상 그 내담자를 존중하도록 한다. 우리는 언제 신념과 가치문제가 해당 내담자에게 중요한지 그 시기를 이해하도록 노력하며, 상담에 있어서 그 가치를 통해서 내담자가 의사 결정을 하도록 장려한다. 우리는 우리 자신의 신념을 공유하는 것이 오직 합리적인 자기 노출로서의 기능을 하는 경우에 그리고 그것이 내담자의 필요에 적절할 때에만 그렇게 하도록 하며, 언제나 겸손을 유지하면서 기독교 세계관을 나타내고 결코 강요하지 않는다.

1-551 가치관의 차이가 상담에 방해될 때의 행동

기독교 상담가는 문제를 해결하기 위해—항상 내담자에게 최선의

1-551 Action if Value Differences Interfere with Counseling

Christian counselor work to resolve problems—always in the client's best interest—when differences between counselor and client values becomes too great, adversely affecting counseling. This may include discussion of the issue as a therapeutic matter, renegotiation of the counseling agreement, consultation with a supervisor or trusted colleague or, as a last resort, referral to another counselor if the differences cannot be reduced or bridged.

1-560 Continuity of Care and Service Interruption

Christian counselors maintain continuity of care for all patients and clients. We avoid interruptions in service to clients that are too lengthy or disruptive. Care is taken to refer clients and network to provide emergency services when faced with counselor vacations, illnesses, job changes, financial hardships, or any other reason services are interrupted or limited.

1-570 Avoiding Abandonment and Improper Counseling Termination

Christian counselors do not abandon clients. To the extent the counselor is able, client services are never abruptly cut-off or ended without giving notice and adequately preparing the client

이익에 되는 쪽으로—일하며, 상담자와 내담자의 가치관이 달라서 그것이 상담에 반대 방향에서 매우 크게 작용하게 될 때에도 그렇게 한다. 여기에는 그 문제에 대한 치료적 주제로서의 토론, 상담 동의의 재협상, 혹은 임상 감독이나 신뢰할 수 있는 동료에게 자문을 구하는 것이 포함될 수 있으며, 만일 그 차이점이 감소되거나 간격이 메워지지 않을 경우에는 혹은 최후의 방책으로서 다른 상담자를 추천하는 것도 포함될 수 있다.

1-560 돌봄의 지속성과 서비스의 중단

기독교 상담가는 모든 환자와 내담자에게 돌봄을 지속적으로 유지한다. 우리는 내담자에게 향한 봉사를 장기간 중단하거나 파괴적으로 중단하는 것을 피한다. 내담자의 휴가, 질병, 직업 전환, 금전적 어려움, 혹은 서비스를 중단하거나 제한하는 기타 모든 이유에 직면하게 되면 내담자는 소개를 통해서 돌봄을 계속 받도록 하며, 네트워크를 통해서 응급 서비스를 제공 받도록 한다.

1-570 상담을 포기하거나 부적절하게 종결하는 것을 피하기

기독교 상담가는 내담자를 포기하지 않는다. 해당 상담자가 할 수 있는 한 내담자에 대한 서비스는 미리 통지가 주어지거나 내담자가 상담의 종결이나 다른 곳에 추천되는 것에 대해 적절하게 준비하지 못한 상태에서는 결코 갑작스럽게 중단되거나 종결되지 않는다.

for termination or referral.

1-571 Ethical Termination of Counseling

Discussion and action toward counseling termination and/or referral is indicated when (1) counseling goals have been achieved; (2) when the client no longer wants or does not return to counseling; (3) when the client is no longer benefiting from counseling; or (4) when counseling is harmful to the client. Christian counselors shall discuss termination and/or referral with clients, offer referral if wanted or appropriate, and facilitate termination in the client's best interest. If crisis events alter, even end counseling prematurely the counselor, if it is safe and proper, should follow-through with the client to ensure proper termination and referral.

• ES1-600 Ethical Relations in the Professional Workplace

1-610 Honorable Relations Between Professional and Ministerial Colleagues

Christian counselors respect professional and ministerial colleagues, both within and outside the church. We strive to understand and, wherever able, respect differing approaches to coun-

1-571 윤리적인 상담의 종결

상담의 종결과/이나 다른 곳으로의 추천에 대한 논의와 행동이 필요한 경우는 (1) 상담의 목표가 성취되었을 때; (2) 해당 내담자가 더 이상 상담을 원하지 않거나 다시 찾아오지 않을 때; (3) 해당 내담자가 상담으로부터 더 이상 유익을 얻지 못할 때; (4) 상담이 해당 내담자에게 해를 끼칠 때이다. 기독교 상담가는 종결과/이나 추천에 대해서 해당 내담자의 최선의 이익을 염두에 두고 내담자와 상의하고, 필요하거나 적절한 경우에는 추천을 제의하며, 상담을 종결하도록 조장한다. 만일 위기의 상황이 변하거나, 심지어는 상담을 조기에 종결하는 경우에는 해당 상담자는, 만일 그렇게 하는 것이 안전하고 적절하다면 해당 내담자와 끝까지 마무리를 하여 적절한 종결과 추천을 확실하게 보장할 것이다.

- ES1-600 전문 직업적으로 상담을 실시하는 장소에 대한 윤리적인 관계

1-610 전문 직업적이고 기독교 사역적인 동료들 사이에서 존중하는 관계
기독교 상담가는 전문 직업적이고 기독교 사역적인 동료들을 해당 교회 안이든 밖에서든 간에 존중한다. 우리는 상담에 있어서 서로 다른 접근 방법에 대해서 그것을 이해하도록 노력하며, 가능한 어디에서든 존중하도록 노력한다. 우리는 해당 내담자의 최선의 이익을 염두에 두고 우리의 내담자들에게 서비스를 제공하는 다른 전문가들과

seling. We strive to maintain collaborative and constructive relations with other professionals serving our client, in the client's best interest.

1-611 Solicitation of Clients Under Another's Care

Christian counselors do not solicit clients nor do we knowingly offer professional services to those under the care of another mental health professional or pastor, except with that provider's knowledge, or when someone is in crisis. When approached by clients being served by other counselors, due regard will be given that relationship with a commitment to encourage client resolution with the other counselor before starting professional relations.

1-612 Maintaining Honor Toward Others When in Conflict

If a counselor learns that a current client is receiving therapy from another pastor or mental health professional, reasonable steps will be taken to inform the other helper and resolve the situation. Professional relations in this case are to be maintained, as much as is possible, with a priority of Christian love and peace.

Any action to challenge or confront the wrongdoing of other service providers will be done with accuracy, humility, and pro-

함께 협력적이고 건설적인 관계를 유지하도록 노력한다.

1-611 다른 사람의 돌봄하에 있는 내담자들을 자신에게로 끌어오는 호객 행위

기독교 상담가는 내담자들을 호객해서 끌어오는 행위를 하지 않으며, 다른 정신 건강 전문가나 목회자의 돌봄하에 있는 사람들에게 전문 직업적인 서비스를 고의로 제공하지 않는다. 다만 예외적으로 그 돌봄을 제공하는 사람이 이와 같은 서비스 제공 사실을 알고 있거나 서비스를 받게 될 사람이 위기에 처해 있는 경우는 제외한다. 다른 상담가에 의해서 서비스를 제공 받고 있는 내담자들이 접근해 올 때 마땅히 가져야 할 자세는 그들과 전문 직업적 관계를 시작하기 전에 그들로 하여금 현재 돌봄을 제공하고 있는 그 다른 상담가와 문제를 해결하도록 먼저 권유하는 그와 같은 책임성 있는 관계를 보여 주는 것이다.

1-612 충돌이 발생했을 때 다른 사람들을 향해 존중감을 유지하기

만일 어떤 상담가가 현재 자신의 내담자가 다른 목회자나 정신 건강 전문가로부터 치료를 받는 과정에 있다는 것을 알았다면, 취해져야 할 합리적인 조취는 현재 치료를 제공하는 그 다른 전문가에게 이와 같은 사실을 알리고 그 상황을 해결하는 것이다. 이와 같은 경우에 있어서 전문 직업적인 관계가 유지되어야만 하며, 가능한 한 기독

tecting the dignity and reputation of others. Behavior that slanders, libels, or gossips about colleagues, or uncritically accepts these things from others about other service providers, will be strictly avoided.

1-620 Maintaining Honorable Professional and Employment Relations

Christian counselors create and preserve honorable relations in the professional workplace, whether church, counseling agency, or other setting. We maintain the utmost honesty, respect, and integrity in all employment and collegial relations. We shall contract relations that balance the best interests of clients, colleagues, and our organizations, and will honor all contractual obligations, even if it is costly for us to do so. We will avoid all actions and appearances of greed, fraud, manipulation, and self-serving action in all collegial and employment relations, and will disclose and discuss all reasonably foreseen problems to our colleagues before they enter into relations with us.

1-621 Toward Clear Role Boundaries and Work Definitions

All professional/employment relations should be mutually understood and described in sufficient detail by work agreement. Administrators and staff should reasonably understand

교적 사랑과 화평을 우선순위로 해서 그렇게 하도록 한다.

서비스를 제공하는 다른 사람들의 잘못된 행위에 대해서 항의하거나 직면하는 행위는 모두 정확하고 겸손하게, 그리고 그 다른 사람들의 위엄이나 평판을 보호하는 방향으로 이루어져야 할 것이다. 동료들에 대한 중상, 비방, 험담이나 다른 서비스 제공자들에 대한 중상, 비방, 험담을 다른 사람들로부터 아무런 비평 없이 수용하는 것은 엄격하게 피해야 할 것이다.

1-620 존경할 만한 전문 직업 관계와 고용 관계를 유지하기

기독교 상담가는 교회나 상담소, 혹은 어떤 환경에서든지 간에 속한 전문 직업적 일터에서 존경할 만한 관계를 만들고 유지한다. 우리는 모든 고용 관계와 동료 관계에 있어서 최상의 정직성, 존경심, 성결함을 유지한다. 우리는 내담자들, 동료들, 그리고 우리의 조직체들에게 최상의 이익을 가져다주는 그와 같은 관계로 계약을 맺을 것이고, 모든 계약적 의무 사항을 존중할 것이며, 심지어는 우리가 그렇게 함으로써 많은 비용이 요구될지라도 그렇게 할 것이다. 우리는 모든 동료 관계나 고용 관계에 있어서 탐욕, 사기, 조작, 이기적인 행위와 관련된 모든 행위와 그 출현을 피할 것이며, 우리의 동료들과 관계를 시작하기 전에 합리적으로 예측되는 모든 문제를 밝히고 그것에 대해 논의할 것이다.

(1) required work behavior, expectations, and limits; (2) lines of authority and responsibility; (3) bases for and boundaries of accountability; and (4) procedures for voicing and curing disagreements and substandard work performance. When such guidelines do not exist, Christian counselors encourage development of sound collegial and employer-employee rules and relations.

1-630 Christian Counselors as Employers

Employers of Christian counselors shall provide a personnel program that honors the dignity and promotes the welfare of employees. Information will be given about the mission, goals, programs, policies, and procedures of the employing person or organization. Employers should deliver regular programs of in-service training, supervision of staff, and evaluation and review of employee work performance. Employers do not coerce, manipulate, threaten, or exploit employees or colleagues.

1-631 Employers Avoid Discrimination and Promote Meritoriously

Employers hire, evaluate, and promote staff meritoriously—based on staff training, experience, credentials, competence, responsibility, integrity, and ethical excellence. We do not

1-621 명확한 역할의 범위와 업무의 정의를 향하여

모든 전문 직업적/고용적 관계들은 마땅히 업무 계약서를 통해서 충분하게 세부적으로 상호 이해되고 기술되어야만 한다. 행정 관리를 담당자나 스태프는 (1) 요구되는 업무 행위, 기대, 한계; (2) 명령과 책임의 체계; (3) 책임의 근거와 범위; (4) 의견이 불일치하거나 업무 기준에 미달했을 때 그것을 표현하고 고치는 절차 등에 대해서 마땅히 합리적으로 이해해야만 한다. 만일 그와 같은 지침이 없는 경우에, 기독교 상담가는 동료나 고용주-고용인 사이의 규칙과 관계를 건전하게 발전시키도록 장려한다.

1-630 고용주로서의 기독교 상담가

기독교 상담가로서 고용주는 고용인의 존엄성을 존중하고 그들의 복지를 증진하는 직원 프로그램을 제공하도록 할 것이다. 고용한 사람이나 조직체의 사명, 목표, 프로그램, 정책, 절차 등에 대한 정보가 제공될 것이다. 고용주들은 현직 직원들의 연수 교육, 스태프의 임상 감독, 고용인의 업무 수행 검토 등의 정기적인 프로그램을 제공해야만 한다. 고용주는 고용인이나 동료를 억압, 조작, 위협, 혹은 착취하지 않는다.

1-631 고용인들은 차별을 피하고 칭찬하는 방향으로 장려한다

고용인들은 스태프들을 공과에 따라 고용하고 평가하며 장려한

discriminate in hiring or promotion practices on the basis of age, race, ethnicity, gender, disability, medical status, socioeconomic status, or special relationship with employer or other staff.

1-640 Christian Counselors as Employees

Counselors accept employment only when they are qualified for the position—by education, supervised training, credentials, skill, and experience. We will honor and advance the mission, goals, and policies of employing organizations. Employees have duties to both employers and clients and, in the event of conflict between these duties, shall strive to resolve them in ways that harmonize the best interests of both.

1-641 Employees Serve with Integrity and Dedication

Employees serve with dedication, diligence, and honesty, maintaining high professional and ethical standards. We do not abuse our employment positions, nor presume excessive demands or rights against an employer.

1-642 Moving From An Agency to Private Practice

While employed in a counseling agency, and for a reasonable time after employment, we do not take clients from an employ-

다—즉, 스태프 훈련, 경험, 자격 증명, 능력, 책임, 성결, 윤리적 탁월성 등을 바탕으로 그렇게 한다. 우리는 나이, 인종, 민족, 성별, 신체장애, 의학적 상태, 사회 경제적 지위, 고용주나 다른 스태프와의 특별한 관계를 근거로 고용에 있어서 차별하거나 업무를 독려하지 않는다.

1-640 고용인으로서의 기독교 상담가

상담가는 오직 자신이 그 위치에—교육, 임상 감독자를 통한 훈련, 자격 증명, 기술, 경험 등에 의해서—자격이 갖추어져 있을 때에만 그 자리에 취직한다. 우리는 고용하는 조직체들의 사명, 목표, 정책을 존중하고 발전시키도록 한다. 고용인들은 고용주들과 내담자들 양쪽 모두에게 의무가 있으며, 이러한 의무 사이에서 충돌이 발생하는 경우에는 양쪽 모두에게 최선의 이익이 조화롭게 나타나는 방향으로 그 충돌을 해결하도록 노력할 것이다.

1-641 고용인은 성실하고도 헌신되게 일한다

고용인은 헌신, 근면, 정직의 덕목을 가지고, 전문 직업적이고도 윤리적인 기준을 수준 높게 유지하여서 일한다. 우리는 우리의 직장 위치를 남용하지 않으며, 동시에 고용인에 반대해서 지나친 요구나 권리를 염두에 두지 않는다.

ing organization to develop a private or group practice of a competing kind. Any part-time practice while employed must be kept strictly separate from the clients and resources of the employing agency. If we develop a full-time private practice with intent to resign employment and take current clients, each client shall be apprised of their right to choose to stay with the employing organization or go with the therapist.

• ES1-700 Ethics in Advertising and Public Relations

All advertising and public communications by Christian counselors shall be done with accuracy and humility, with a primary goal of assisting clients to make informed choices about counseling services.

1-710 Unethical Statements in Public Communications

Christian counselors make only factual and straightforward public communications and avoid statements that: (1) are false, inaccurate, exaggerated or sensational; (2) are likely to deceive or mislead others because it is partial or taken out of context; (3) are testimonials by current clients; (4) exploit other's fears or distressing emotions; (5) note the inferiority or negative

1-642 기관에 속해 있다가 개인 사무소로 독립하기

상담 기관에 고용되어 있는 동안에는, 그리고 그곳에 고용된 이후에 어느 정도의 기간이 경과했다면 우리는 그 고용되어 있는 조직 기관으로부터 내담자들을 빼어내서 경쟁 관계에 있는 개인이나 그룹 상담 사무소로 데리고 가지 않는다. 어떠한 파트타임 직업이라도 고용되어 있는 동안에는 해당 고용 기관의 내담자들과 자원들로부터 엄격하게 구별된 상태를 반드시 유지하도록 한다. 만일 우리가 고용된 일자리를 그만두고 현재의 내담자들을 데리고 갈 의도에서 풀타임 개인 사무소를 개원하고자 한다면, 각각의 내담자에게는 현재의 고용 기관에 그대로 남아 있을 것인지, 아니면 담당 치료사를 따라갈 것인지를 선택할 권리가 그들에게 있다는 것을 고지하도록 할 것이다.

- **ES1-700 광고와 공적 관계에 대한 윤리**

기독교 상담가들에 의한 모든 광고 행위와 공적인 의사소통은 정확하고 겸손하게 이루어질 것이며, 내담자들로 하여금 상담 서비스들에 대해서 정보를 가지고 선택할 수 있도록 돕는 것이 그 일차적 목표가 된다.

1-710 공적인 의사 소통에 있어서의 비윤리적 언행

기독교 상담가는 오직 사실에 입각해서 정직하게 공적인 의사소통

characteristics of another counselor; and (6) express unique or unusual helping abilities outside the range of accepted Christian counseling practices.

1-720 Communication of Association with the AACC and Other Groups

Public communication of AACC or other professional membership should adhere to all the requirements of this section and should not express or imply that such membership confers special status, expertise, or extraordinary competence in counseling.

1-721 Communication About Professional Status and Credentials

Christian counselors do not state that professional credentials—state licenses, graduate degrees, specialized training, church, professional, or governmental certifications, or any other credentials—confer greater status or power than the credentials actually represent. Advanced credentials shall be communicated with accuracy and humility, adhering to the guidelines of the credential itself.

을 하도록 하며 다음과 같은 언사는 피한다: (1) 거짓, 부정확, 과장, 혹은 감각적인 언사; (2) 문맥 가운데 일부만 취하거나 문맥을 무시함으로 인해 타인을 기만하거나 현혹시키기 쉬운 언사; (3) 현재의 내담자들에 의해서 감사가 표현되는 언사; (4) 타인의 두려움이나 괴로운 감정을 이기적으로 이용하는 언사; (5) 다른 상담가의 열등하거나 부정적인 특질을 지적하는 언사; (6) 돕는 방법이 기독교 상담의 실천의 수용 범위를 벗어나는 독특하거나 생소하게 표현되는 언사 등이다.

1-720 AACC나 다른 그룹들과 연합하는 의사소통

AACC나 다른 전문 직업적 회원들과의 공적인 의사소통은 지금 언급될 이 항목의 모든 요구 사항을 반드시 따라야만 하며, 동시에 그와 같은 협회에 회원 자격이 있다고 해서 그것이 상담에 있어서 특별한 지위나 전문 지식, 혹은 보통이 아닌 의외의 능력을 부여하는 것으로 표현되거나 암시되어서도 안 된다.

1-721 전문 직업적 지위와 자격 증명에 대한 의사소통

기독교 상담가는 전문 직업적 자격 증명들—주정부 면허, 대학원 과정 이상의 학위, 전문적인 훈련, 교회, 전문적이거나 정부에서 나온 자격증, 그리고 다른 어떠한 자격 증명들—에 대해서 언급하면서 그 자격 증명들이 실제로 자격 증명에 명시된 것 이상의 더 대단한 상태나 능력이 있다는 식의 언사를 하지 않는다.

1-722 Communication of Unaccredited and Unrelated Credentials

Christian counselors avoid public communication of degrees or credentials received from schools and organizations (1) not holding or maintaining a reputable and widely-known national stature, (2) not accredited by state, regional, or national authorities, or that (3) are not substantially related to counseling, pastoral counseling, or mental health services. Holders of a religious license or credential for church ministry only shall not state or imply that they are counseling professionals, or that they hold a mental health practice license.

1-730 Communication of Work Products and Training Materials

Christian counselors ensure that advertisements about work products and training events adhere to these ethics. We take care to avoid undue influence and respect informed consumer choice in promoting our work to anyone under our professional influence or authority.

1-740 Ethical Guidelines in Public Statements by Others

Christian counselors ensure adherence to these ethics by third parties we engage to create and make public statements about

1-722 인가가 없거나 관계가 없는 자격 증명에 대한 의사소통

기독교 상담가는 (1) 저명하고도 전국적으로 널리 알려진 수준을 유지하지 않거나, (2) 정부나, 지방, 혹은 전국적인 권위 기관에 의해서 인가되지 않았거나, (3) 상담이나 목회 상담, 혹은 정신 건강 서비스와는 본질적으로 관계가 없는 학교나 기관으로부터 받은 학위나 자격 증명에 대해서 공적으로 의사소통하는 것을 피한다. 교회 사역을 위한 종교적인 자격증이나 인증을 보유한 사람들은 자신들이 직업적인 상담 전문가라거나, 아니면 정신 건강 의료 행위 자격증을 보유하고 있다고 말하거나 암시해서는 안 될 것이다.

1-730 상담 상품과 훈련 자원에 대한 의사소통

기독교 상담가는 상담 상품과 훈련 이벤트에 대한 광고를 이와 같은 윤리에 부합하도록 확실하게 한다. 우리는 우리의 전문 직업적 영향이나 권위하에 있는 모든 사람에게 우리의 상담 관련 일을 선전함에 있어서 과장된 영향을 피하고, 정보가 제공된 상태에서의 소비자의 선택권을 존중한다.

1-740 타인에 의해 공적 진술이 이루어질 때의 윤리적 지침

기독교 상담가는 우리의 일과 관련해서 공적인 진술을 하려고 관계한 제삼자에 의해서 이와 같은 윤리에 따르도록 확실하게 한다—거기에는 고용인, 출판사, 제작자, 광고 후원자, 마케팅 담당자, 기

our work—employers, publishers, producers, sponsors, marketers, organizational clients, and representatives of the media. We do not pay for or compensate the news media for news items about our work. We are responsible to correct, in timely fashion, any misinformation by third parties regarding our work.

• ES1-800 Ethical Relations with the State and Other Social Systems

Christian counselors, as individual members and as an Association, will strive to maintain ethical relations with the worldwide and the local church, with the state in its various forms, with the mental health professions and associations to which some of us belong, with other professions and organizations, and with society-at-large.

1-810 Ethical Relations to Other Professions and Institutions
Christian counselors recognize and respect that we are part of larger networks of Christian ministry and of mental health care. To borrow a metaphor, we envision church-based ministry and professional mental health care as the two tracks on which runs the Christian counseling train—tracks with different rather than opposing objectives.

관, 그리고 매스미디어의 대표자 등이 해당된다. 우리는 뉴스 매체가 우리의 일에 대해서 뉴스 주제를 잡아 방영해 주는 것에 대해 비용을 지불하거나 보상하지 않는다. 우리는 우리의 일에 관련해서 제삼자가 제공하는 모든 잘못된 정보에 대해서 시기적절한 형태로 그것을 교정할 책임이 있다.

- ES1-800 정부와 여타 사회 기관과의 윤리적 관계

기독교 상담가는 개인 회원이자 단체의 회원으로서 세상과 지역 교회, 다양한 형태의 정부 기관, 정신 건강 전문가와 기독교 상담가가 소속되어 있는 단체, 다른 전문가들이나 조직체들, 사회 일반과의 윤리적 관계를 유지하는 데 힘쓸 것이다.

1-810 다른 전문가들과 기관들과의 윤리적 관계
  기독교 상담가는 우리가 기독교 사역과 정신 건강 돌봄이라는 보다 큰 네트워크의 일부라는 것을 인식하고 존중한다. 비유적으로 말하면, 우리는 기독교 상담이라는 열차가 교회를 근거로 한 사역과 전문 직업적 정신 건강 돌봄이라는 두 개의 선로 위로 달리는 것으로—그리고 그 두 선로는 서로 반대되는 것이 아니라 다른 것이라고 생각한다.
  AACC는 많은 다른 정신 건강 분야와 기독교 사역 분야를 대표해

Within the AACC are representatives of many different mental health and ministerial disciplines—we invite and welcome them all in the name of Christ. We will honor and preserve these relations, will challenge value differences with respect, and will build the best relations we can with all these professions and institutions that intersect with us as Christian counselors.

1-820 Working for a Caring Church, a Just Government, and a Better Society

Christian counselors are dedicated to build a more caring church, a more just government, and a better society in which to live. We will honor the laws and customs of our culture, and will challenge them when they threaten or abuse our freedoms, dishonor our God, or deny the rights of those most powerless. When critical, we will strive to offer a better alternative—model programs to govern our ecclesiastical, socio-cultural, and governmental life.

We will support the cause of Christ and advocate for Christian counseling in the church, in our ministries and professions, and in society. We will work to shape laws and policies that encourage the acceptance and growth of Christian ministry generally and Christian counseling in particular. We will facilitate harmonious relations between church and state and will serve and

서, 그리스도의 이름 안에서 모든 이들을 초청하고 환영한다. 우리는 이와 같은 관계를 존중하고 보존할 것이며, 다른 가치 체계에 대해서는 존중하는 자세를 가지고 도전할 것이고, 기독교 상담가로서 우리와 서로 교차되는 영역을 가지는 모든 전문가와 조직체에 대해서 가능한 최선의 관계를 건설해 나갈 것이다.

1-820 돌보는 교회, 공정한 정부, 보다 나은 사회를 위해 일한다

기독교 상담가는 보다 돌보는 교회, 보다 공정한 정부, 살아가기에 보다 나은 사회를 건설하는 데 헌신한다. 우리는 우리 문화의 법과 관습을 존중할 것이며, 만일 그것들이 우리의 사유를 위협하거나 남용하고, 하나님의 이름을 더럽히며, 혹은 가장 힘이 없는 사람들의 권리를 부정하는 경우에는 그것들에 대해서 도전할 것이다. 만일 비평을 받는 경우에는 보다 나은 대안—즉, 우리의 교회, 사회-문화, 정부 생활을 운용하는 모델 프로그램—을 제시하도록 노력할 것이다.

우리는 교회에서, 우리의 기독교 사역과 전문 직업 일터에서, 그리고 사회 속에서 그리스도를 위해 헌신하며 기독교 상담을 옹호할 것이다. 우리는 일반적으로는 기독교 사역의, 그리고 세부적으로는 기독교 상담의 수용과 성장을 장려하는 법률과 정치를 만들어 가는 것에 힘쓸 것이다. 우리는 교회와 정부 사이의 조화로운 관계를 촉진시킬 것이며, 교회와 공동체, 그리고 정부 관계에 있어서 우리의 내담자들의 최선의 이익을 위해 봉사하며 그것을 옹호할 것이다.

advocate the best interests of our clients in church, community, and governmental relations.

1-830 Being Salt and Light in a Post-Christian Culture

Christian counselors acknowledge that we live in a post-Christian and pluralistic culture that no longer shares a common Judeo-Christian value base. We are called by Christ to be 'salt and light' throughout our culture, a call of engagement with our culture and the world-at-large. Hence, the AACC will be and our members are encouraged to engage in active and honorable relations with the world around us—relations in which the world can see the light and taste the salt of Christ.

1-831 Christ and Culture: Diversity over Conformity

We accept that there are differing views within our Association on the proper relationship of the Christian life to a modern culture that no longer substantially honors Christ. Our association includes those who are largely apolitical—acknowledging a receding religious-cultural status as Christians but dedicated to building up the church and our profession. There are also those who believe it is necessary to retain a vibrant Christian value base in society and seek to return our culture to these roots, including by political and legal action. We wish to support this

1-830 후기-기독교 문화 가운데서 소금과 빛이 되기

기독교 상담가는 우리가 유대-기독교적 가치관을 더 이상 공통 근거로 공유하지 않는 후기-기독교 문화와 다원주의적 문화 가운데서 살고 있다는 것을 인정한다. 우리는 그리스도에 의해서 우리의 문화와 세상 전반과 더불어 관계하며, 우리의 문화 속에서 '빛과 소금'이 되도록 부르심을 받았다. 따라서 AACC와 그 회원들은 우리 주위의 세상과 능동적이고 존중할 만한 관계―즉, 세상이 그리스도의 빛을 보며 그 소금을 맛볼 수 있는 그러한 관계―를 맺도록 격려된다.

1-831 그리스도와 문화: 순응을 넘어선 다양성

우리는 그리스도를 더 이상 본질상 경외하지 않는 근대 문화에 대한 기독교적 삶의 올바른 관계에 대해서 우리의 협회 내에서 다른 견해들이 존재한다는 것을 인정한다. 우리 협회에는 일반적으로 정치와는 무관한 사람들―즉, 기독교인으로서 종교-문화적 상황이 희미해져 가는 것을 인정하지만 그럼에도 교회와 우리의 전문성을 건설해 나가는 것에 헌신하는 사람들―이 포함되어 있다. 동시에 사회 속에서 힘찬 기독교 가치 근거를 존속시키는 것과 우리의 문화를 이러한 근본을 향해 되돌리기를 추구하는 것―여기에는 정치적, 법적 행동도 포함된다―이 필수적이라는 것을 믿는 사람들도 존재한다. 우리는 이러한 다양성을 지지하는 동시에 이와 같은 토론이 계속해서 일어나기를 격려하며, 이와 같은 다른 견해들에 대한 타당성을 교

diversity and encourage this ongoing debate, respecting the validity of these different views as the healthy evidence of a living church and a vibrant and growing profession.

II. ETHICAL STANDARDS FOR SUPERVISORS, EDUCATORS, RESEARCHERS, AND WRITERS

• The Ministry of Christian Counseling Leaders

Some Christian counselors serve in senior professional roles—as administrators, supervisors, teachers, consultants, researchers, and writers. They are recognized for their counseling expertise, their dedication to Christ and the ministry or profession to which they belong, and for their exemplary ethics. These leaders are responsible for the development and maturation of the Christian counseling profession, for serving as active and ethical role models, and for raising up the next generation of Christian counselors and leaders.

회가 생명력이 있다는 것과 전문성이 힘차게 움직이며 성장해 가는 건강한 증거로서 간주한다.

II. 임상 감독자, 교육자, 연구자, 저자를 위한 윤리 기준

• 기독교 상담 지도자 사역

어떤 기독교 상담가는 보다 상위의 역할—행정가, 임상 감독자, 교육자, 컨설턴트, 연구자, 저자—로 봉사한다. 그와 같은 사람들은 자신들의 상담 전문 지식, 그리스도와 자신들이 속한 기독교 사역이나 전문직에 대한 헌신, 윤리적 모범 등에 대해서 다른 이들로부터 인정을 받는다. 이와 같은 지도자들은 기독교 상담의 전문성을 발전시키고 성숙하게 하며, 능동적이고 윤리적 역할 모델로서 봉사하고, 기독교 상담자이자 지도자로서 다음 세대를 육성할 책임이 있다.

• ES2-100 임상 감독자와 교육자를 위한 기본 기준

2-110 임상 감독자와 가르치는 것에 대한 윤리와 우수성

기독교 상담 임상 감독자와 교육자들은 모든 임상 감독과 가르치는 일에 있어서 임상적 지식과 전문적 기술, 그리고 윤리적 우수성을

• ES2-100 Base Standards for Supervisors and Educators

2-110 Ethics and Excellence in Supervision and Teaching

Christian counseling supervisors and educators maintain the highest levels of clinical knowledge, professional skill, and ethical excellence in all supervision and teaching. They are knowledgeable about the latest professional and ministerial developments and responsibly transmit this knowledge to students and supervisees.

2-111 Preparation for Teaching and Supervision

Christian counseling supervisors and educators have received adequate training and experience in teaching and supervision methods before they deliver these services. Supervisors and educators are encouraged to maintain and enhance their skills through continued clinical practice, advanced training, and continuing education.

2-120 Supervisors and Educators Do Not Exploit Students and Trainees

Christian counseling supervisors and educators avoid exploitation, appearances of exploitation, and harmful dual

최상의 수준으로 유지한다. 그들은 전문 직업적이고 기독교 사역적과 관련해서 최신으로 발전된 지식을 보유하며, 이러한 지식을 학생들과 임상 감독 훈련생들에게 책임성 있게 전달한다.

2-111 가르치는 것과 임상 감독을 위한 준비

기독교 상담 임상 감독자와 교육자는 가르치고 임상 감독을 하는 것에 있어서 먼저 적절한 훈련과 경험을 받은 이후에 그러한 일들을 수행한다. 임상 감독자와 교육자는 계속적인 임상 실습과 수준 높은 훈련, 그리고 지속적인 교육을 통해서 자신들의 기술을 유지하고 향상시키도록 권장된다.

2-120 임상 감독자와 교육자는 학생들과 훈련생들을 착취하지 않는다

기독교 상담 임상 감독자와 교육자는 학생들과 훈련생들에 대해서 착취하거나, 착취의 기색을 보이거나, 해를 끼치는 이중적 관계를 피한다. 학생들과 훈련생들은 가르침을 받을 때에 분명하고 적절하게, 그리고 윤리적으로 전문적인 동시에 사회적으로 경계선들을 책임성 있게 설정하고 유지하는 선생님을 통해서 모범을 배우고 설명을 듣는다.

2-121 학생들이나 임상 감독 훈련생들과의 성적이고 로맨틱한 관계는 금지된다

기독교 상담 임상 감독자와 교육자는 (1) 자신들의 학생들이나 훈

relations with students and trainees. Students and trainees are taught by example and by explanation, with the mentor responsible to define and maintain clear, proper, and ethical professional and social boundaries.

2-121 Sexual and Romantic Relations Forbidden with Students and Supervisees

Christian counseling supervisors and educators (1) shall not engage in any form of sexual or romantic relations with their students and trainees, (2) nor subject them, by relations with others, to any form of sexual exploitation, abuse, or harassment, (3) nor pressure them to engage in any questionable social relationships. The standards of sections 1-130ff, "Sexual Misconduct Forbidden," shall apply fully here.

2-122 Dual Relationships Cautioned

Integrity and caution shall be the hallmark of dual relationships between supervisors and supervisees and between teacher and student. Those relations that harm or are likely to harm students and trainees, or that impair or are likely to distort the professional judgment of supervisors and teachers shall be avoided. The standards of sections 1-140ff, "Dual and Multiple Relationships," and those stated below shall apply here.

련생들과 어떤 형태로든 성적이나 로맨틱한 관계에 연루되지 않을 것이며, (2) 다른 사람들과의 관계에 있어서 성적 착취, 남용, 희롱과 관련된 그 어떤 형태라도 그런 것에 자신을 처하게 하지 않을 것이며, (3) 어떠한 것이라도 의구심이 드는 사회적 관계에 연루되도록 자신을 강제하지 않을 것이다. 항목 1-130ff "성적 부당 행위는 금지된다"에 있는 기준들이 여기서도 온전하게 적용될 것이다.

2-122 이중적인 관계는 신중하도록 한다

임상 감독자와 임상 감독 훈련생들, 그리고 교사와 학생 사이에서는 성결함과 신중함을 통해서 이중적인 관계 여부를 검증해야 할 것이다. 학생이나 훈련생에게 해를 끼치거나 해를 끼칠 것 같은 관계, 혹은 임상 감독자와 교사의 전문성 있는 판단에 손상을 가하거나 왜곡시킬 것 같은 그러한 관계들은 피해질 것이다. 항목 1-140ff "이중이나 다중 관계"와 그 아래에 기술된 기준들이 여기서도 적용될 것이다.

2-123 임상 감독자와 교육자는 심리치료를 제공하지 않는다

기독교 상담 임상 감독자와 교육자는 임상 감독 훈련생들이나 학생들과 심리치료적 관계를 맺지 않는다. 개인적인 문제들은 상담 임상 감독과 훈련에 해롭게 영향을 미치지 않는 범위에서 임상 감독과 교육 가운데서 언급될 수 있다. 학생들과 임상 감독 훈련생들이 만일 상담이나 심리치료를 필요로 하거나 원할 때에는 다른 적절한 곳에

2-123 Supervisors and Educators Do Not Provide Psychotherapy

Christian counseling supervisors and educators do not engage in psychotherapeutic relations with supervisees or students. Personal issues can be addressed in supervision and teaching only insofar as they adversely impact counselor supervision and training. Students and supervisees needing or wanting counseling or psychotherapy shall be referred to appropriate resources.

2-124 Acknowledgement of Professional Contributions

Christian counseling supervisors and educators shall fully acknowledge the contributions of students and trainees in any creative professional activity, scholarly work, research, or published material. This shall be done by coauthorship, assistance in speaking or project presentation, or other accepted forms of public acknowledgement.

•ES2-200 Ethical Standards for Christian Counseling Supervisors

2-210 Counselor Supervision Programs

Christian counseling supervisors ensure that supervision programs integrate theory and practice and train counselors to

소개될 것이다.

2-124 전문적인 공헌의 인정

기독교 상담 임상 감독자와 교육자는 모든 창조적인 전문 활동, 학자적 업적, 연구 조사, 출판된 자료 등에 있어서 학생들이나 훈련생들의 공헌을 온전하게 인정하고 감사를 표현할 것이다. 여기에는 공저자나, 연사 행위나 프로젝트 발표에 있어서의 조력자, 혹은 수용 가능한 다른 형태로의 공적인 인정과 감사 표시 등으로 이루어질 것이다.

• ES2-200 기독교 상담 임상 감독자를 위한 윤리적 기준

2-210 상담 임상 감독 프로그램

기독교 상담 임상 감독자는 임상 감독 프로그램들이 이론과 실제를 통합하고 상담자들에게 상담 과정에 있어서 내담자의 권리를 존중하며, 내담자의 복지를 촉진시키고, 상호 동의된 목표들을 성취하는 데 있어서 내담자를 돕도록 훈련시키는 것인지를 확실하게 한다. 기독교 상담에 있어서 임상 감독 프로그램은 이와 같은 윤리와 다른 적용 가능한 전문 직업 그룹의 윤리, 그리고 모든 적용 가능한 정부와 연방 법을 지지할 것이다.

2-211 프로그램 규범의 기준

상담 프로그램에는 오직 전문적 실습을 수행할 수 있는 사람들, 해

respect client rights, promote client welfare, and assist clients in the acquisition of mutually agreed goals in the counseling process. Supervision programs in Christian counseling shall adhere to these ethics, to those of other applicable professional groups, and to all applicable state and federal laws.

2-211 Baseline Program Standards

Counseling programs shall only accept supervisees who are capable of professional practice, are fully informed about the program, and are committed to engage in counselor training following (1) mutual agreement that the supervisee meets base standards of education and experience; (2) disclosure of the training goals, supervisory site policies and procedures, and theoretical orientations to be used; (3) understanding of program relationship to national accreditation and credentialing organizations; (4) understanding of the standards, procedures, and time of evaluations of supervisee skill, professional-ethical awareness, and clinical effectiveness; and (5) disclosure of the manner and expectations regarding remediation of professional deficiencies and substandard performance.

2-220 Supervisors to Provide a Varied Experience

Christian counseling supervisors will provide a varied coun-

당 프로그램에 대한 정보를 충분하게 제공 받은 사람들, 상담자 훈련에 성실하게 참여하는 사람들만이 임상 감독 훈련생으로 받아들여질 것이다. 동시에 그 상담자 훈련은 (1) 해당 임상 감독 훈련생이 교육과 경험에 관련된 기본 기준을 충족시키겠다고 상호 동의하며; (2) 훈련 목표, 임상 감독을 받는 곳의 규칙과 절차, 사용되는 이론에 대한 소개 등이 확연하게 밝혀지며; (3) 국가 자격증과 자격을 인증하는 조직체들과의 프로그램 관계성을 이해하며; (4) 임상 감독 훈련생의 기술, 전문적-윤리적 인식, 임상적 효과성 등에 대한 평가 기준과 절차, 그리고 시간을 이해하고; (5) 전문성의 결핍이나 표준 이하로 수행하는 것을 교정하는 것과 관련해서 양식과 기대를 나타내도록 추구해야 한다.

2-220 다양한 경험을 제공하는 임상 감독자

기독교 상담 임상 감독자는 다양한 상담 경험을 제공하고, 훈련생을 여러 다른 내담자들과 임상적 활동, 그리고 상담에 대한 이론적 접근에 노출시킨다. 임상 감독 훈련생은 직접적인 상담 실습, 임상적 평가, 치료 계획, 기록의 보존, 사례 관리와 자문적인 발표, 법적 윤리적 의사 결정, 전문가로서의 정체성 발달 등에 있어서 경험을 쌓아야만 한다.

2-221 임상 감독자는 내담자에게 봉사할 책임이 있다

기독교 상담 임상 감독자는 내담자들과 일하는 임상 감독 훈련생

seling experience, exposing the trainee to different client populations, clinical activities, and theoretical approaches to counseling. Supervisees should gain experience in direct counseling practice, clinical evaluation, treatment planning, record keeping, case management and consultative presentation, legal and ethical decision-making, and the development of professional identity.

2-221 Supervisors Are Responsible for Services to Clients

Christian counselor supervisors ensure that supervisee work with clients maintains accepted professional and ministerial standards. Supervisors do not allow supervisees to work with clients or in situations where they are not adequately prepared. Supervisors retain full professional-clinical responsibility for all supervisee cases.

2-230 Supervision Evaluation and Feedback

Christian counseling supervisors meet frequently and regularly with supervisees and give timely, informative feedback about counselor performance and effectiveness. These evaluations shall minimally require supervisor review of case notes and discussion or brief check of each client case. Evaluative feedback is given in both verbal and written forms, covering counseling content, process, and ethical-legal issues of counselor training.

이 공인된 전문 직업적이고 기독교 사역적 기준들을 유지하도록 확실하게 한다. 임상 감독자는 임상 감독 훈련생이 적절하게 준비되지 않은 내담자나 그와 같은 상황에서 내담자와 일하는 것을 허락하지 않는다. 임상 감독자는 모든 임상 감독 훈련생의 사례에 대해서 전문적-임상적 책임을 전적으로 진다.

2-230 임상 감독 평가와 피드백

기독교 상담 임상 감독자는 임상 감독 훈련생들과 빈번하고도 정기적으로 만나서, 상담의 수행과 효과에 대해서 시기적으로 적절하면서 동시에 교육적인 피드백을 제공한다. 이와 같은 평가에는 최소한 사례 노트에 대한 임상 감독자의 검토와 각 내담자의 사례에 대한 토의나 간단한 검토 등이 요구된다. 평가를 위한 피드백은 언어적, 문서적 형태 양쪽 모두로 제공되며, 상담 내용과 과정, 그리고 상담가 훈련의 윤리적-법적 문제가 포함된다.

2-231 임상 감독자는 상담 면허와 자격 인증을 위해 요구되는 것들에 대해 인지한다.

기독교 상담 임상 감독자는 정부 상담 면허와 특수한 자격 인증 기준들을 추구하는 임상 감독 훈련생들의 법적, 윤리적, 전문 직업적 요구들을 인지하고 존중한다.

2-231 Supervisors Are Aware of Licensure and Certification Requirements

Christian counseling supervisors are aware of and honor the legal, ethical, and professional requirements of supervisees who are pursuing state licensure and specialized certification standards.

• ES2-300 Ethical Standards for Christian Counseling Educators

2-310 Counselor Education and Training Programs

Counselor education programs are dedicated to train students as competent practitioners using current theories, techniques, and ethical-legal knowledge. Christian counseling educators ensure that prospective students and trainees are fully informed, able to make responsible decisions about program involvement.

2-311 Baseline Program Standards

Christian counseling educators accept students on the basis of their educational background, professional promise, ethical integrity, and ability to reasonably complete the program. Program information should clearly disclose (1) the subject matter and coursework to be covered; (2) program relationship to national accreditation and credentialing organizations; (3) the

• ES2-300 기독교 상담 교육자를 위한 윤리적 기준

2-310 상담가 교육과 훈련 프로그램

상담가 교육 프로그램들은 학생들을 현행하는 이론들, 기술들, 윤리적-법적 지식을 사용할 줄 아는 유능한 상담가로 훈련시키는 것에 충실해야 한다. 기독교 상담 교육자들은 미래의 학생들과 훈련생들이 온전하게 정보를 갖고 있는 상태에서, 프로그램에 관계되는 것에 대해 책임 있는 결정을 할 수 있도록 확실하게 한다.

2-311 프로그램 규범의 기준

기독교 상담 교육자들은 학생들을 그들의 교육 배경, 전문 직업적 약속, 윤리적 성실성, 해당 프로그램을 합리적으로 완수하는 능력 등을 기준으로 선발하여 수용한다. 프로그램 정보에서 반드시 분명하게 명시되어야 할 것들은 다음과 같다: (1) 다루는 주제 문제와 수업 내용; (2) 국가 자격증과 자격을 인증하는 조직체들과의 프로그램 관계; (3) 학습에 필요한 상담 기술의 종류와 수준; (4) 개인적, 전문 직업적 성장 요구와 기회; (5) 제공된 임상 감독이 이루어지는 임상 실습과 현장이 어떤 요구 사항을 가지고 있으며 그 종류는 무엇인지; (6) 연구 기회의 종류와 수준, 거기에는 논문에 대한 가능성과 요구 사항이 포함된다; (7) 학생 평가에 대한 근거, 거기에는 이의 제기와 퇴학에 대한 정책과 절차가 포함된다; (8) 고용 전망과 프로그램

kinds and level of counseling skills necessary to learn; (4) personal and professional growth requirements and opportunities; (5) the requirements and kinds of supervised clinical practicums and field placements offered; (6) the kinds and quality of research opportunities, including thesis/dissertation possibilities and requirements; (7) the basis for student evaluation, including appeal and dismissal policies and procedures; and (8) the latest employment prospects and program placement figures.

2-312 Student and Faculty Diversity

Christian counseling educators ensure that their programs seek and attempt to retain students and faculty of a diverse background, including representation by women, minorities, and people with special needs.

2-320 Student and Trainee Evaluation

Christian counseling educators provide students and trainees with periodic and ongoing evaluation of their progress in class room, practice, and experimental learning settings. Policies and procedures for student evaluation, remedial training requirements, and program dismissal and appeal shall be clearly stated and delivered to student-trainees. Both the method and timing of evaluations are disclosed to students in advance

채용 형태에 대한 최신 정보.

2-312 학생과 교직원의 다양성
기독교 상담 교육자들은 자신들의 프로그램이 다양한 배경의 학생들과 교직원들을 고용하려고 노력하며 시도하도록 확실하게 한다. 거기에는 여성, 소수, 특별한 도움이 필요한 사람들도 포함된다.

2-320 학생과 훈련생의 평가
기독교 상담 교육자들은 학생들과 훈련생들에게 수업과 실습, 그리고 실험적인 학습 환경에서의 발전 상황에 대해서 정기적이고 계속된 평가를 제공한다. 학생 평가를 위한 정책들과 절차들, 교정을 위한 훈련 요구 사항들, 그리고 프로그램으로부터의 퇴학과 이의 제기는 학생-훈련생들에게 분명하게 진술되고 전달될 것이다. 평가 방법과 시기는 학생들이 프로그램을 시작하기 전에 알려질 것이다.

2-321 학생의 한계를 극복하기
교육가들은 학생들로 하여금 기독교 상담가로서의 수행을 방해할 수 있는 한계와 부족한 부분을 극복하도록 돕는다. 학생-훈련생들은 교정을 목적으로 하는 도움을 확실하게 제공 받아서 기준에 미달되는 전문성을 향상 발달시키도록 도움과 격려를 받게 될 것이다. 학생의 의무 과정과 임상 감독자, 그리고 교육가들에 대한 존중을 통해서

of program involvement.

2-321 Overcoming Student Limitations

Educators help students overcome limitations and deficiencies that might impede performance as Christian counselors. Student-trainees will be assisted and encouraged to secure remedial help to improve substandard professional development. Honoring student due process, supervisors and educators will retain and fairly exercise their duty to dismiss from programs student-trainees who are unable to overcome substandard performance.

2-322 Student-Trainee Endorsement

Educators and field supervisors endorse the competence of student-trainees for graduation, admission to other degree programs, employment, certification, or licensure only when they have adequate knowledge to judge that the student-trainee is qualified.

2-330 Integration Study and Training

Christian counseling educators ensure that programs include both academic and practice dimensions in counselor training and integrate biblical-theological study with learning in the bio-psycho-social sciences, however these are emphasized. Stu-

자신들의 의무를 다하여 훌륭하게 수행하게 될 것이며, 기준 미달 수행 성적을 극복하지 못하는 학생-훈련생들은 프로그램으로부터 퇴학 처분을 받게 된다.

2-322 학생-훈련생 서명

교육가들과 현장 임상 감독자들은 졸업을 위한 학생-훈련생의 자격 능력, 다른 학위 프로그램의 입학, 고용, 증명, 자격증 등에 서명을 하는데, 오직 그 학생-훈련생들에게 그와 같은 자격이 된다고 판정할 만한 적절한 인식이 드는 경우에만 그렇게 한다.

2-330 학습과 훈련의 통합

기독교 상담 교육가는 프로그램들이 상담가 훈련에 있어서 학문적이고 실제적인 차원 양쪽 모두를 포함하며, 성경-신학적인 연구와 생물-심리-사회 과학을 통합하면서도 다음의 것들을 강조하는 여부를 확실하게 한다. 학생들은 만일 연구 조사 결과를 만들어내지 않는다 할지라도, 마땅히 연구 조사에 대해서 이해하며 소화하는 효과적인 소비자가 되어야 함을 배워야 한다.

2-331 다양한 상담 이론에 노출되기를 격려된다

교육가들은 학생들이 이론적으로 인정된 다양한 상담 모델들에 노출되는 프로그램을 개발한다. 거기에는 그 이론들의 관계적 효과성

dents, if not producing research, should learn to be effective research consumers.

2-331 Exposure to Various Counseling Theories Encouraged

Educators develop programs that expose students to various accepted theoretical models for counseling, including data on their relative efficacy, and will give students opportunities to develop their own practice orientations. If a program adheres to or emphasizes one particular theoretical model, that fact should be clearly stated in all public communications without asserting that the model is superior to all others.

2-332 Teaching Law, Ethics, and the Business of Practice

Training programs should give teach students about the legal, ethical, and business dimensions of Christian counseling. This includes study of these issues throughout didactic and clinical training. Students should be able to make competent ethical judgments and assess their own practice limitations, learning how to analyze and resolve ethical-legal conflicts and do consultation and referral competently.

2-340 Field Placement, Practicum, and Intern Training

Educators develop clear policies and procedures for all field

에 대한 자료도 포함된다. 또한 교육가들은 학생들에게 자신들의 실제 상담 방향을 개발할 수 있는 기회를 제공할 것이다. 만일 어떤 프로그램이 하나의 특정한 이론 모델을 고수하거나 강조할 경우에는 그와 같은 사실이 반드시 모든 공적인 의사소통 자리에서 분명하게 진술되어야만 하며, 그 자리에서 그 특정한 모델이 다른 모든 모델보다 더 우수하다고 주장되어서는 안 된다.

2-332 상담 실제에 대한 법, 윤리, 경영을 가르치기

훈련 프로그램들은 학생들에게 기독교 상담의 법적, 윤리적, 경영적 차원에 대해서 가르쳐야만 한다. 여기에는 강의와 임상적인 훈련을 통해서 이러한 주제들에 대해서 학습하는 것이 포함된다. 학생들은 마땅히 합법적인 윤리적 판단을 내릴 수 있어야 하며 자신들의 상담 실제의 한계에 대해서 판단할 수 있어야 한다. 동시에 윤리적-법적 충돌을 분석하고 해결하는 법과 유능하게 자문하고 소개하는 법을 배워야 한다.

2-340 현장 소개, 상담 실습, 인턴 훈련

교육가들은 모든 현장 경험, 실습, 인턴 훈련 경험에 대해서 명확한 정책과 절차를 개발한다. 역할과 책임은 학생-훈련생, 실습 현장 임상 감독자, 학교 임상 감독자 등에게 분명하게 설명될 것이다. 훈련 장소는 요구된 훈련 기준을 충족시켜야 할 것이며, 적용 가능하다

experience, practicum, and intern training experiences. Roles and responsibilities are clearly delineated for student-trainees, site supervisors, and academic supervisors. Training sites shall meet required training standards, including national accreditation standards if applicable. Field supervisors shall be competent and ethical in their clinical and supervisory work. Educators do not solicit and will not accept any form of fee, service, or remuneration for the field placement of a student-trainee.

2-341 Clients of Student-Trainees

Academic and field supervisors ensure that clients of student-trainees are fully informed of trainee status, and the trainees' duty to honor all professional obligations. Trainees shall secure client permission to use, within the bounds of confidential duties, information from the counseling work to advance their counseling education.

• ES2-400 Ethical Standards for Christian Counseling Researchers

2-410 Respecting Standards of Science and Research

Christian counseling researchers honor accepted scientific standards and research protocol in all research activities.

면 국가적 인증 기준도 거기에 포함된다. 현장 임상 감독자는 자신의 임상 분야와 임상 감독자 일에 유능하며 윤리적이어야 할 것이다. 교육자는 학생-훈련생의 현장 채용에 대해 어떤 형태로든 간에 요금이나 봉사, 혹은 보수를 요구하거나 받지 않을 것이다.

2-341 학생-훈련생 내담자

학교나 현장 임상 감독자는 학생-훈련생 내담자들에게 훈련생의 위치와 해당 훈련생은 모든 전문 직업적 의무 사항을 존중할 의무가 있다는 것에 대해서 충분하게 알리는 것을 확실하게 한다.

- **ES2-400 기독교 상담 연구자를 위한 윤리 기준**

2-410 과학과 연구에 대한 존중 기준

기독교 상담 연구자들은 모든 연구 행위에 있어서 인정된 과학적 기준들과 연구 규약을 존중한다. 연구는 윤리적으로 계획되며 유능하게 수행된다. 연구자들은 자신들이 연구 수행을 위해 적절하게 훈련되었거나 준비되지 않은 연구 행위들을 맡지도 않으며, 동시에 자신에게 종속된 사람들로 하여금 수행하도록 하지도 않는다.

2-420 연구 참가자와 인권의 보호

연구자들은 모든 생물-심리-사회-영적 연구 행위에 있어서 참가자

Research is ethically planned and competently conducted. Researchers do not undertake nor do they let subordinates conduct research activities they are not adequately trained for or prepared to conduct.

2-420 Protecting Human Research Participants and Human Rights

Researchers maintain the highest care for human participants and respect human rights in all bio-psycho-social-spiritual research activities. Researchers plan, design, conduct, and report research projects according to all applicable state and federal laws, ethical mandates, and institutional regulations regarding human participants.

2-421 Special Precautions to Protect Persons

Researchers take special precautions and observe stringent standards when (1) a research design suggests deviation from accepted protocol, or (2) when there is any risk of pain or injury to participants, whether of a physical, psychosocial, spiritual, reputational, or financial nature. In all such cases, we will obtain appropriate consultation that apprises participants of these risks and secures informed consent.

들에 대해 최상의 주의를 유지하며 인권을 존중한다. 연구자들은 참가자에 관련된 모든 적용 가능한 주 정부와 연방 정부의 법, 윤리적 요구, 제도적 규칙에 따라 연구 프로젝트를 계획, 디자인, 수행, 보고한다.

2-421 사람을 보호하기 위한 특별한 예방책

연구자들은 다음과 같은 경우에 특별히 예방적으로 경계하고 규칙들을 엄중하게 준수한다: (1) 연구 디자인이 인정된 규약으로부터 벗어나도록 제안할 때나, 혹은 (2) 참가자들에게 본성상 육체적이나 심리 사회적, 영적, 평판적, 혹은 재정적이든지 간에 고통이나 상해를 입힐 가능성이 조금이라도 존재할 때.

2-422 바람직하지 않은 결과를 최소화하기

연구자들은 참가자들에 대해서 해당 연구에 반대되거나 바람직하지 않은 결과에 대해서는 그것을 합리적으로 미리 예상해서 최소화하도록 열심히 노력한다. 이 말에는 장기적으로 나타날 모든 영향을 최소화하는 데 성실해야 할 것이 포함되며, 그 영향에는 참가자와 참가자의 가족과 생활, 영적 믿음, 도덕적 가치, 평판, 관계, 소명, 재정, 문화적 체계 등에 대한 영향이 모두 포함된다.

2-430 연구에 있어서 충분한 설명에 의한 자발적 동의와 비밀 보장

연구자들은 연구 참가자들에게 그들이 이해 가능한 언어를 사용해

2-422 Minimizing Undesirable Consequences

Researchers reasonably anticipate and diligently work to minimize any adverse or undesirable consequences of the research on human participants. This includes a commitment to minimize any possible long-term research effects, including those on the participants' person, family and family life, spiritual beliefs, moral values, reputation, relationships, vocation, finances, or cultural system.

2-430 Informed Consent and Confidentiality in Research

Researchers obtain informed consent from research participants using language that the participant can understand. This consent shall disclose (1) a clear explanation of research purposes and procedures, (2) any risk of harm, injury, or discomfort that the participant might experience, (3) any benefits that the participant might experience, (4) any limitations on confidentiality, (5) a commitment to discuss all concerns of the participant about the research, and (6) instructions on the right and the way to honorably withdraw from the research project. Researchers shall honor all commitments made to research participants. Data and results shall be explained to participants in ways that are understandable and that clarify any confusion or misconceptions.

서 충분히 설명한 이후에 그들로부터 자발적인 동의를 얻는다. 이와 같은 동의에는 (1) 연구 목적과 절차에 대한 분명한 설명, (2) 해당 참가자가 혹시라도 경험할 수 있는 상해나 상처, 혹은 불편함에 대한 모든 위험성, (3) 해당 참가자가 혹시라도 경험할 수 있는 혜택, (4) 비밀 보장에 대한 모든 한계, (5) 해당 연구에 대한 해당 참가자들의 모든 염려에 대한 성실한 토론, (6) 해당 연구 프로젝트로부터 명예롭게 빠질 수 있는 권리와 방법에 대한 지침 등이 포함될 것이다. 연구자들은 연구 참가자들에게 했던 모든 공약을 존중할 것이다. 연구 자료와 결과는 연구 참가자들에게 이해 가능한 방식으로, 그리고 어떠한 혼동이나 오해라도 분명하게 밝혀 주는 방식으로 설명될 것이다.

2-431 법적으로 동의를 할 수 없는 사람들로부터의 동의

연구자들은 해당 연구의 참가자들이 미성년자이거나 어른이라도 동의를 할 수 없는 상태에 있는 경우에, 환자들이나 참가자의 법적 대리인으로부터 동의를 얻는다. 연구자들은 모든 참가자에게 해당 연구에 대해서 이해할 수 있는 언어로 정보를 제공하며, 해당 참가자의 이해와 동의를 구한다.

2-432 연구에 있어서 숨김이나 속임

연구가 숨기거나 속일 것을 요구하는 경우에는 그 연구의 담당 연구자는 이와 같은 방법들을 최소한 좁은 범위에서 적용할 것이며, 그

2-431 Consent from Those Legally Incapable

Researchers obtain consent from parents or a participant's legal representative when the research participants are minors or adults incapable of giving consent. Researchers inform all participants about the research in understandable language, seeking the participant's understanding and assent.

2-432 Concealment and Deception in Research

When a research design requires concealment or deception, the researcher shall apply these methods most narrowly and will inform participants as soon as possible after the procedure. The research value of a deceptive practice must clearly outweigh any reasonably foreseen consequences, especially how such deception may reflect adversely on Christ and the church. Normally, we do not use methods of deception and concealment when alternative research procedures are available to accomplish the project objectives.

2-433 Protecting Confidentiality and Voluntary Participation

Researchers ensure participant confidentiality and privacy, and that subjects are participating voluntarily in the project. Any deviation from these ethics shall (1) be necessary to the project and justifiable upon panel review, (2) shall not harm the partici-

연구 절차가 끝난 이후 가능한 신속하게 참가자들에게 알릴 것이다. 해당 연구에 있어서 속이는 것의 가치는 마땅히 다른 어떤 합리적으로 예상되는 결과들에 대해서 보다, 그리고 특별히 그와 같은 속임이 어떻게 그리스도와 교회에 대해서 반대 방향으로 영향을 미칠 수 있는 것보다 분명하게 더 중요해야만 한다. 통상적으로 우리는 다른 대안적인 연구 절차들을 통해서 해당 프로젝트의 목적을 성취하는 것이 가능한 경우에는 속임이나 숨김의 방법을 사용하지 않는다.

2-433 비밀의 보호와 자발적인 참가

연구자들은 참가자의 비밀과 사생활의 보호를 확실하게 하고, 동시에 연구 대상자들이 해당 프로젝트에 자발적으로 참가하도록 확실하게 한다. 이와 같은 윤리로부터 벗어나는 모든 부분은 (1) 해당 프로젝트에 필수적이어야 하며 동시에 심사 위원단의 검토에서 그 정당성을 입증할 수 있어야 하고, (2) 해당 참가자들에게 해를 입히지 않을 것이며, (3) 해당 참가자들에게 알리고 그들의 동의를 확실하게 구할 것이다.

2-440 연구 결과의 보고

연구자들은 연구 결과를 온전하고, 정확하며, 데이터의 변경이나 왜곡 없이 보고한다. 데이터와 결론은 명확하고 간결하게, 충분하게 논의된 해당 연구 디자인과 더불어 모든 문제와 함께 보고된다. 연구

pants, and (3) shall be disclosed to the participants, ensuring their consent.

2-440 Reporting Research Results

Researchers report research results fully, accurately, and without alteration or distortion of data. Data and conclusions are reported clearly and simply, with any problems with the research design fully discussed. Researchers do not conduct fraudulent research, distort or misrepresent data, manipulate results, or bias conclusions to conform to preferred agendas or desired outcomes.

2-441 Protecting Participant Identity

Researchers are diligent to protect the identity of research participants in all research reports. Due care will be taken to disguise participant identity in the absence of consent by participants.

2-442 Reporting Challenging or Unfavorable Data

Outcomes that challenge accepted policies, programs, donor/sponsor priorities, and prevailing theory shall be reported and all variables known to have affected the outcomes shall be disclosed. Upon formal request, researchers shall provide suffi-

자들은 부정한 연구를 수행하거나, 데이터를 왜곡하거나, 허위로 설명하거나, 결과를 조작하거나, 선호되는 주제나 원하는 결과에 맞추기 위해 결론을 편견을 갖고 바라보지 않는다.

2-441 참가자의 신분의 보호

연구자들은 모든 연구 보고에 있어서 연구 참가자들의 신분을 성실하게 보호한다. 참가자들의 동의가 없는 경우에는 그들의 신분을 위장하는 것이 마땅한 배려이다.

2-442 도전적이거나 선호하지 않는 데이터의 보고

채택된 정책, 프로그램, 기증자/후원자의 우선권, 널리 알려진 이론 등에 도전하는 결과는 보고될 것이며, 결과에 영향을 미쳐 왔다고 알려진 모든 변수도 공개될 것이다. 공식적인 요청에 대해서는 연구자들은 해당 연구를 되풀이하기를 원하는 자격 있는 다른 사람들에게 원래의 데이터를 충분하게 제공할 것이다.

- **ES2-500 기독교 상담에 있어서 저작과 출판 윤리**

2-510 저작과 출판에 있어서의 성결함

기독교 상담가는 모든 저작과 출판 사업에 있어서 정직함과 성결함을 유지하며, 공적을 돌려 마땅한 사람에게는 온전하게 그 공적을

cient original data to qualified others who wish to replicate the study.

• ES2-500 Writing and Publication Ethics in Christian Counseling

2-510 Integrity in Writing and Publication

Christian counselors maintain honesty and integrity in all writing and publication ventures, giving full credit to whom credit is due. Christian counselors recognize the work of others on all projects, avoid plagiarism of other's work, share credit by joint authorship or acknowledgement with others who have directly and substantially contributed to the work published, and honor all copyright and other laws applicable to the work.

2-520 Submission of Manuscripts

Christian counselors honor all publication deadlines, rules of submission of manuscripts, and rules of format when submitting manuscripts or agreeing to write invited works. Articles published whole or in major part in other works shall be done only with the acknowledgement and the permission of the previous publisher.

돌린다. 기독교 상담가는 모든 프로젝트에 대해서 다른 사람의 저작을 인지하며, 다른 사람의 저작을 표절하는 것을 피하고, 출판된 해당 작품에 직접적으로나 실질적으로 공헌한 다른 사람들에 대해서는 공동 저작권이나 감사의 인정을 통해서 공적을 공유하며, 해당 작품에 적용될 수 있는 모든 저작권과 기타 법규를 존중한다.

2-520 원고 제출

기독교 상담가는 원고를 제출할 때나 저작에 초대되어 동의하였을 때 모든 출판 마감 시간과 원고 제출 규칙, 그리고 형식 규칙을 존중한다. 다른 작품에 전체나 일부 중요한 부분으로 아티클들이 출판되는 경우에는 해당 전 출판사의 인정과 허가를 얻은 경우에만 그 작업이 이루어질 것이다.

2-521 원고 검토

출판을 위해 원고를 검토하는 기독교 상담가와 편집자들은 최선을 다해서 엄격하게 해당 작업에 주의를 기울일 것이며, 특정한 저자를 위하거나 반대하는 편견을 가지는 것을 피한다. 검토자들은 출판을 위해 자료를 제출하는 모든 사람의 비밀 보장 권리, 평판과 관련된 권리, 소유 권리를 성실하게 보호할 것이다.

2-521 Review of Manuscripts

Christian counselors and editors who review manuscripts for publication shall consider the work strictly on its merits, avoiding prejudice for or against a particular author. Reviewers will diligently protect the confidential, reputational, and proprietary rights of all persons submitting materials for publication.

2-522 Encouragement to New Authors

Christian counseling editors and publishers will be diligent to call forth, encourage, and help develop new writers and materials from among the growing community of Christian counselors.

2-530 Avoiding Ghost Writers

Christian counselors shall resist use of ghostwriters, where the name of a prominent leader-author is attached to work substantially or wholly written by someone else. Instead, in accordance with section 2-510 above, Christian counseling authors will give due authorship credit to anyone who has substantially contributed to the published text. Order of authorship should reflect the level of substantive contribution to a work.

2-522 새로운 저자들의 격려

기독교 상담 편집자와 출판가들은 기독교 상담가라는 성장하는 공동체로부터 나오는 새로운 저자들과 작품들에 대해서 용기를 불러일으키며 격려하고 발전하도록 도움을 주는 데에 성실할 것이다.

2-530 대작 행위를 피하기

기독교 상담가는 대작 행위, 즉, 다른 누군가에 의해 실질적으로나 혹은 전체적으로 저술된 작품에 저명한 지도적 작가의 이름을 덧붙이는 행위를 거부할 것이다. 그 반대로 기독교 상담 저술가는 항목 2-510에 따라서 출판된 해당 작품에 실질적으로 공헌한 모든 사람에게 마땅한 저작의 권리를 돌릴 것이다. 저작권의 순서는 해당 작품에 실질적으로 공헌 수준에 따라 반영될 것이다.

III. 안수 받은 목회자와 목회 상담가를 위한 기준과 의무 면제

- ES3-100 목회자와 목회 상담가의 정의와 역할

3-110 목회자와 목회 상담가: 안수 받은 복음 사역자

목회자와 목회 상담가는 교회에서 상담과 돌봄 사역에서 중심적인 역할을 한다. 이들은 보통 안수 받은 목회자들로서 평판이 알려진 교

III. STANDARDS & EXEMPTIONS FOR ORDAINED PASTORS AND PASTORAL COUNSELORS

- **ES3-100 Definitions and Roles of Pastors and Pastoral Counselor**

3-110 The Pastor and Pastoral Counselor: Ordained Ministers of the Gospel

Pastors and pastoral counselors have central roles in the counseling and care ministry of the church. They are normally ordained ministers, recognized by a reputable church denomination as called of God, set apart for special church ministry, and have fulfilled the education and preparatory tasks the church requires for that ministry.

3-111 The Specialized Pastoral Counselor

Pastoral counselors and psychotherapists have received advanced training in counseling and psychotherapy and often counsel in a church or a specialized counseling setting. Pastoral counselors often have advanced degrees in counseling, have undergone counseling practicum training under supervision, and may be certified by national associations as a pastoral counselor

단에 의해서 하나님께로부터 부르심을 받았다고 인정되며, 특별한 교회 사역을 위해 따로 구별되었고, 교회의 해당 사역을 위해 요구하는 교육과 준비 과정을 완수한 이들이다.

3-111 전문적인 목회 상담가

목회 상담가와 목회 심리 치료사는 상담과 심리치료 부분에서 높은 수준의 훈련을 받았으며, 종종 교회에서나 혹은 상담을 위해 전문적으로 준비된 상담 환경에서 상담을 한다. 목회 상담가는 종종 상담 분야에서 높은 수준의 학위를 가지고 있으며, 임상 감독하에서 상담 실습 훈련을 거쳤고, 국가적인 기관들에 의해서 목회 상담가나 목회 심리 치료사로서 자격 인증을 받았을 수 있다.

- ES3-200 윤리 규정을 적용하거나 면제 받는 규칙

3-210 윤리 규정을 적용하거나 면제 받는 일반적인 규칙

목회자와 목회 상담가는 이 AACC 윤리 규정을 온전히 그대로 존중하며, 단지 해당 윤리 규정 항목이 (1) 자신들의 임상적 전문적 본성으로 인해 적용될 수 없는 의무이거나, (2) 교회나 기독교 사역 규칙에 대한 보다 상위의 의무로 인해 AACC 윤리 규정으로부터 협소한 범위에서 벗어나도록 요구되는 경우에는 해당되는 윤리 규정 항목들에 대해서는 예외로 그 해당 의무를 면제한다.

or pastoral psychotherapist.

• ES3-200 Rules of Ethics Code Application and Exemption

3-210 General Rule of Ethical Code Application and Exemption

Pastors and pastoral counselors shall honor this Code in it entirety, except for those code sections (1) not applicable due to their clinical professional nature, or (2) because a higher duty to church or ministry rules require a narrow exemption from this Code. Anyone claiming exemption to the Code has the burden of proving it, and the duty to draw that exemption as narrowly as possible, honoring all other Code requirements.

3-220 The Call of Christian Counseling to Gospel Fidelity

Pastors and pastoral counselors have a special call as intermediaries between Christian counseling and the church. They can challenge Christian counselors to hold faith to the Gospel and to apply counseling ministry to the mission and work of the church. They can mediate, explain, and refer parishioners to Christian counselors. They can also encourage involvement for those who need help, and communicate and explain the guide-

3-220 복음에 충성하는 기독교 상담의 소명

목회자와 목회 상담가는 기독교 상담과 교회 사이에서 중개자의 역할을 하도록 특별하게 부르심을 받았다. 이들은 기독교 상담가들로 하여금 복음에 대한 믿음을 지키고, 상담 사역을 교회의 사명과 사역에 적용하도록 도전할 수 있다. 이들은 교인들과 기독교 상담가들을 중재하고 설명하며 소개할 수 있다. 또한 이들은 도움이 필요한 사람들에게 관계를 맺도록 격려하고, 이 AACC 윤리 규정의 지침을 전달하고 설명하여서 교인들로 하여금 기독교 상담 사역의 가치와 안정성에 대해서 보다 나은 판단을 내리도록 할 수 있다.

IV. 평신도 조력자와 그 외 기독교 사역자를 위한 기준과 의무 면제

- **ES4-100 평신도 조력자와 안수를 받지 않은 기독교 사역자의 정의와 역할**

평신도 조력자나 안수를 받지 않은 기독교 사역자는 교회의 상담과 돌봄 사역에 있어서 중요한 역할을 감당한다. 그들은 전문 직업적인 임상가나 안수 받은 목회자들은 아니지만, 조력하기로 임명된 역할에 대해서는 사례를 받는 스태프로서나 자원 봉사자로서 일할 수

lines of the Code so that parishioners can better judge the value and safety of the Christian counseling work.

IV. STANDARDS & EXEMPTIONS FOR LAY HELPERS AND OTHER MINISTERS

- **ES4-100 Definitions and Roles of Lay Helpers and Non-ordained Ministers**

Lay helpers or non-ordained ministers have a significant role in the counseling and care ministry of the church. They are not professional clinicians nor ordained ministers, but may work as salaried staff or as volunteers in designated helping roles. These helpers often function in one-to-one helping roles and are increasingly involved in developing and leading the many small support and recovery group ministries of the contemporary church.

- **ES4-200 Rules of Ethics Code Application and Exemption**

4-210 General Rule of Ethical Code Application and

있다. 이와 같은 조력자들은 종종 일대일로 돕는 역할로서 기능하며, 현대 교회에 있어서 지지나 회복을 위한 많은 소그룹들을 개발하거나 인도하는 데 점점 더 관련되어 가고 있다.

• ES4-200 윤리 규정의 적용과 면제에 대한 규칙

4-210 윤리 규칙의 적용과 면제에 대한 일반적인 규칙
평신도 조력자들과 안수 받지 않은 기독교 사역자들은 AACC 윤리 규정을 전적으로 존중하며, 단지 해당 규칙 항목들이 (1) 자신들의 분명한 전문 직업적이나 목회적 본성으로 인해 적용될 수 없는 의무이거나, (2) 교회나 기독교 사역에 대한 보다 상위의 의무로 인해 협소한 범위에서 벗어나도록 요구되는 경우에는 예외로 해당 의무를 면제한다.

4-220 교회의 임상 감독 하에서의 평신도의 조력
평신도 조력자들은 오직 해당 교회나 기독교 상담 조직체의 임상 감독하에서만 사역한다. 평신도 조력자들은 목회자들과 전문 직업적 임상가들에 의해서 임상 감독과 영적-윤리적 보호를 구하며 확보한다. 평신도나 자격증이 없는 조력자들, 안수를 받지 않은 스태프들에 의한 독립적이고, 임상 감독을 받지 않으며, 단독으로 하는 상담 실천이나 기독교 사역은 법적, 윤리적, 영적, 대인 관계적, 교회적 문제

Exemption

Lay helpers and non-ordained ministers shall honor the Code in it entirety, except for those code sections (1) not applicable due to their manifestly professional or pastoral nature, or (2) because a higher duty to church or ministry rules require a narrow exemption. Anyone claiming exemption to the Code has the burden of proving it, and the duty to draw that exemption as narrowly as possible, honoring all other Code requirements.

4-220 Lay Helping Under Supervision of the Church

Lay helpers minister only under the supervision of the church or a Christian counseling organization. Lay helpers seek out and secure supervision and spiritual-ethical covering by pastors and professional clinicians. Independent, unsupervised, and solo practice or ministry by lay and unlicensed helpers and non-ordained staff shall be avoided due to its excessive risk for legal, ethical, spiritual, interpersonal, and ecclesiastical trouble.

4-221 Lay Helpers Do Not Accept Fees or Communicate False Roles

Lay helpers shall not seek or accept fees or other remuneration for ministry. Lay helpers do not state or allow helpees to believe that they are professional or pastoral counselors. Some

에 대한 과도한 위험성으로 인해 회피될 것이다.

4-221 평신도 조력자들은 보수를 받지 않으며 허위의 역할들을 말하지 않는다

평신도 조력자들은 기독교 사역에 대해서 수수료나 다른 어떤 보수를 요구하거나 받지 않을 것이다. 평신도 조력자들은 도움을 받는 사람들에게 자신들이 전문 직업적 상담가나 목회 상담가라고 믿도록 말하거나 내버려두지 않는다. 어떤 평신도 조력자나 안수를 받지 않은 조력자들은 교회나 기독교 사역에서 고용인으로서 보수를 받을 수도 있지만, 그와 같은 수입은 서비스에 대한 수수료와 서로 혼동되어서는 안 된다.

4-222 허가 없는 상담 행위를 돕거나 부추기는 것

목회자와 전문 직업적 기독교 상담가는 어느 누구에 의해서라도 자격증이 없거나, 훈련이 되어 있지 않거나, 자질이 부족하거나, 비윤리적인 상담의 실천이나 평신도 도움이 실천되는 것을 돕거나 부추기지 않는다. 상담에 있어서 해당 조력자에게 요구되는 영역이나 훈련, 경험, 혹은 자격증 범위를 명백하게 넘어서서 도움을 요구하는 상황에서는 임상 감독하는 목회자와 임상가는 적절한 자문과/이나 추천을 요구하고 도와줄 것이다.

lay or non-ordained helpers may receive a salary as a church or ministry employee, income that should not be confused with fees for services.

4-222 Aiding and Abetting Unauthorized Practice.
Pastors and professional Christian counselors do not aid and abet the practice of unlicensed, untrained, unqualified, or unethical counseling or lay helping by anyone. In counseling situations requiring help clearly beyond the scope, training, experience, or license required of the helper, supervising pastors and clinicians will require and assist appropriate consultation and/or referral.

V. STANDARDS FOR RESOLVING ETHICAL-LEGAL CONFLICTS

• ES5-100 Base Standards for Ethical Conflict Resolution

5-110 Base Rule for Resolving Ethical-Legal Conflicts
Christian counselors acknowledge the sometimes conflicting responsibilities to clients, to colleagues and employing organi-

V. 윤리적-법적 상충을 해결하기 위한 기준

• ES5-100 윤리적 상충을 해결하는 데 있어서 기본적인 기준

5-110 윤리적-법적 상충들을 해결하기 위한 기본 규칙

기독교 상담가는 때때로 내담자들, 동료들, 고용한 조직체들, 전문 직업적 윤리, 법, 그리스도에 대한 책임성에 관련해서 서로간에 상충이 일어난다는 것을 인지한다. 만일 그리스도나 해당 내담자의 최선의 이익을 위하는 보다 높은 의무로 인해 법이나 윤리, 혹은 조직체적 규칙에 반대되는 행동을 취하도록 제시되거나 요구되는 경우에는, 우리는 그 일을 풀어 감에 있어서 하나님을 경외하고 우리의 기독교 상담가로서의 역할을 존중하는 방식으로 평화롭고 겸손하게 행동할 것이다.

5-111 첫 번째로 상충되는 이익들이 서로 조화를 이루도록 시도한다.

법적-윤리적 요구들과 그리스도의 방식이나 해당 내담자의 최선의 이익 사이에서 갈등을 겪게 될 때 우리는 가능하다면 먼저 성경적, 임상적, 법적, 윤리적, 내담자의 이익이 서로 조화를 이루도록 시도한다. 우리는 적절한 자문을 확보하고, 보다 나으면서 조화로운 전문 직업적 수행 기준이 무엇인지를 규정하고 그것을 제시하는 그와 같은 행동을 취할 것이다.

zations, to professional ethics, to the law, and to Christ. If a higher obligation to Christ or to the client's best interest suggests or requires action against legal, ethical, or organizational rules, we will act peaceably and humbly in its outworking, in a way that honors God and our role as Christian counselors.

5-111 First, Attempt to Harmonize Conflicting Interests

When caught between legal-ethical demands and the way of Christ or the best interests of the client, we will first attempt to harmonize biblical, clinical, legal, ethical, and client interests, if possible. We will secure proper consultation and take action that defines and offers a better and harmonious standard of professional conduct.

5-112 When Conflicts Cannot Be Harmonized

Christian counselors' fidelity to Christ sometimes calls us to respectfully decline adherence to non-Christian values and behavior. When such conflicts cannot be harmonized, some counselors will stand firm or act on Christian principle against the law of the state, the ethics of one's profession, or the rules of one's employing organization. Such action should be (1) defensible biblically and ethically, (2) according to the client's best interest, (3) done without self-seeking purposes, (4) done with

5-112 상충들이 서로 조화를 이루지 못하는 경우

기독교 상담가의 그리스도에 대한 충성은 때때로 비기독교적인 가치와 행동에 순응할 것을 정중하게 거부하도록 요청한다. 만일 그러한 상충들이 조화를 이루지 못하는 경우에는 해당되는 상담가들은 주 정부의 법이나 자신의 전문 직업적 윤리, 혹은 자신을 고용한 조직체의 규칙에 반대해서 확고한 태도로 양보하지 않거나 기독교적 원리에 따라 행동할 것이다. 그와 같은 행동은 반드시 (1) 성경적이고 윤리적으로 변호될 수 있어야 하며, (2) 해당 내담자의 최선의 이익을 따라야 하고, (3) 이기적인 목적 없이 수행되어야 하며, (4) 그것에 대해 잘 알고 있는 동료들이나 기독교 상담 지도자들에게 자문을 구한 후에 진지하게 살필 것이고, (5) 어떠한 불리한 결과에 대해서라도 그것을 기꺼이 감당할 마음을 가지고 수행할 것이다. 그와 같은 행위는 결단코 악한 짓을 숨기기 위해서나 모호하거나 이기적인 태도를 정당화시키기 위해서 수행되는 일은 반드시 없어야 한다.

AACC는 이와 같은 상충들을 해결하는 데 있어서의 우선순위의 가치를 다음의 순서대로 할 것을 제안한다. 가장 우선시되는 것은 (a) 그리스도와 성경의 계시에 대한 성결이며, 그 다음으로는 (b) 해당 내담자에게 가장 이익이 되도록 하는 것이며, 그 다음으로는 (c) 우리의 법적, 윤리적 의무와 소속된 조직의 의무를 충족시키되, 만일 그리스도나 우리의 내담자들의 이익에 해로움이 가게 된다면, 가능한 한 그것을 최소한으로 줄이는 방식으로 하는 것이다.

sober consideration after consulting with informed colleagues and Christian counseling leaders, and (5) done with a willingness to pay any adverse consequences. Such action must never be done to hide wrongdoing or to justify an obscure or self-promoting position.

The AACC suggests that priority values in the resolution of these conflicts be (a) integrity to Christ and the revelation of Scripture, then (b) the client's best interests, then (c) fulfilling our legal, ethical, and organizational obligations in a way that is least harmful to Christ or our client's interest.

• ES5-200 Resolving Conflicts with Employers and Colleagues

5-210 Ethical and Value Differences with Employers and Colleagues

If values and other differences with employers or colleagues become a source of conflict or influence client injustice, Christian counselors shall take appropriate action to resolve these problems in a way that honors Christ while also serving the client's best interest.

• **ES5-200 고용주와 동료 사이에서의 상충을 해결하기**

5-210 고용주와 동료 사이에서의 윤리적이고 가치적인 차이점

만일 고용주와 동료 사이에서 가치와 다른 어떤 차이점이 상충의 원인이 되거나 내담자의 불공정성에 영향을 미치는 경우에는 기독교 상담가는 이와 같은 문제들을 해결하기 위해 그리스도를 경외하는 방식에서, 또한 해당 내담자의 최선의 이익에 도움이 되는 방식에서 적절한 행동을 취할 것이다.

5-211 공공 기관에서 일하는 기독교 상담가

공공 기관에서 일하는 기독교 상담가는 내담자의 동의 없이는 내담자에게 복음을 전하거나 기독교 가치를 전하는 것을 꺼려 하는 정당하고도 신중하게 만들어진 규칙에 대해서 존중하는 마음을 가질 것이다. 그러나 우리의 신앙을 자유롭게 표현하는 것을 불공정하게 금지하는 경우에는 우리의 성경적이고 제도적인 종교의 자유에 대한 권리에 의거해서 도전할 수도 있다. 이와 같은 기독교 신앙의 합법적인 표현에는 다음과 같은 것들이 포함되며, 그렇다고 거기에만 국한되지는 않는다: (1) 기독교 가치를 근거로 기독교 내담자들에게 서비스를 제공하는 것; (2) 상담자의 자기 노출이라는 합법적인 부분의 일환으로 기독교 가치를 나누는 것; (3) 내담자에 의해서 표현된 영적 필요에 대해서 기독교적 세계관을 근거로 반응하는 것; (4) 우리

5-211 Christian Counselors Working in Public Agencies

Christian counselors working in public agencies will respect fair and circumspect rules against client evangelism or communicating Christian values without client consent. However, we may also challenge unjust prohibitions against the free expression of our beliefs, grounded in our biblical and constitutional right to religious freedom. These legitimate expressions of Christian beliefs include, but are not limited to: (1) serving Christian clients from a Christian value base; (2) sharing Christian values as a legitimate part of counselor self-disclosure; (3) responding to spiritual needs expressed by clients from a Christian frame of reference; and (4) displaying Christian symbols and literature in our office or place of work.

5-212 Conflict Resolution Process with Employers and Colleagues

Resolution of conflicts with employers or colleagues shall honor this process: (1) first attempt direct negotiations, (2) then mediation, and (3) then arbitration and/or binding arbitration. Litigation (4), when considered at all, shall be only as a last resort and only in cases of gross injustice where the offending party refuses or disdains all reasonable offers of non-litigated dispute resolution.

의 사무실이나 일하는 장소에 기독교적 상징이나 문헌을 보이도록 놔두는 것 등이다.

5-212 고용주와 동료에서의 상충을 해결하는 절차

고용주와 동료 사이에서의 상충의 해결은 다음과 같은 절차를 존중하도록 할 것이다: (1) 먼저 직접적인 협상을 시도하고, (2) 그 다음으로는 중재이고, (3) 그 다음으로는 중재 재판과/이나 구속력 있는 중재 재판이다. 이상의 모든 것이 고려되었을 경우에는, (4) 소송으로서 이것은 오직 최후의 수단인 동시에 과오를 저지른 상대방이 법정에 가지 않고서 논쟁을 해결하고자 하는 모든 합리적인 제안을 거부하거나 무시하는 대단히 불공정한 경우에만 그렇게 한다.

5-220 동료와 고용주의 법과 윤리 위반

만일 기독교 상담가가 자신의 동료나 고용주에 의한 법적이나 윤리적인 위반에 대해서 확실하게 인지하고 있는 경우에는 적절한 행동을 취해서 이와 같은 문제를 내담자의 최선의 이익과 적용 가능한 법-윤리의 해당 요구 사항에 따라서 고치도록 한다. 고치는 행동에는 다음과 같은 것들이 포함될 수 있다: (1) 비밀이 보장되는 자문(일반적으로 최우선의 방법이다), (2) 해당 위반자와 직접적인 의사소통, (3) 자신이나 해당 위반자의 임상 감독자에게 보고, (4) 위반을 당한 내담자를 도와 행동을 취하도록 하는 것, (5) 적절한 정부 기관이나 전

5-220 Law and Ethics Violations by Colleagues and Employers

Christian counselors with credible knowledge of legal or ethical violations by colleagues and employers shall take appropriate action to cure this problem, in the best interests of clients, and according to the requirements of applicable law-ethics. Curative action might include (1) confidential consultations (usually the first step), (2) direct communications with the violator, (3) report to one's own or the violator's supervisor, (4) assisting violated clients to take action, (5) report/complaint to the appropriate state agency or professional association, or (6) any other action appropriate to the matter.

• ES5-300 Resolving Professional and Organizational Conflicts

5-310 The Higher Ethics of Jesus Christ

Christian counselors are bound to honor the ethics and rules of one's profession, church, or employing organization in every way possible. However, when these ethics and rules are in direct opposition to God, and if unable to harmonize the mandates of Scripture with these rules, we declare and support the right of Christian counselors to elect nonadherence to those

문 직업적 협회에 보고/고소, 혹은 (6) 해당 문제에 적절한 어떤 행동 등이다.

- **ES5-300 전문 직업적이고 조직체적인 상충의 해결**

5-310 예수 그리스도라는 상위의 윤리

기독교 상담가는 자신의 전문 직업, 교회, 고용한 조직체의 윤리와 규칙을 가능한 모든 양식으로 마땅히 존중할 의무가 있다. 그러나 이와 같은 윤리와 규칙이 하나님께 직접적으로 반대되거나 성경의 명령과 조화를 이루는 것이 불가능한 경우에는, 우리는 기독교 상담가의 권리를 선포하고 지지하여 그리스도의 방식에 위반되는 제반 윤리와 규칙에 대해서 따르지 않는 쪽을 선택한다.

5-311 첫 번째로, 교회나 전문 직업과의 상충을 해결하도록 행동한다.

기독교 상담가는 언제나 가장 먼저 논쟁을 평화롭고도 성경적으로 변호가 가능한 해결책을 구하려고 노력한다. 동료들과 기독교 상담 지도자들에게 적절한 자문을 구한 이후에, 우리는 위반한 규칙에 대한 대안으로서 새로운 윤리 기준—그리스도를 경외하고, 해당 내담자의 이익을 보호하며, 해당 윤리 규칙 배후에 있는 의도를 충족시킬 수 있는 윤리 기준—이 무엇인지를 규정하고 그것을 옹호할 것이다.

ethics and rules that offend the way of Christ.

5-311 First, Act to Resolve Conflict with Church or Profession

Christian counselors always first seek peaceable and biblically-defensible resolution of disputes. After proper consultation with colleagues and Christian counseling leaders, we will define and advocate for a new ethical standard as an alternative to the offensive rule—one that honors Christ, protects the client's interest, and attempts fulfills the policy behind the ethical rule.

5-312 When Ethical Harmony Is Not Reached

If ethical harmony is not possible, and after all attempts at resolution have been exhausted, Christian counselors may elect to violate the offending rule for the sake of Christ or the client. The violative action should be defensible biblically, logically, and clinically and, if possible, in accordance with the ethics intent.

Counselors shall (1) define the rule that cannot be respected in the narrowest form possible, (2) declare to honor all other ethical mandates, (3) consult with other colleagues and soberly count the cost of such action and (4) be prepared to face any consequences for breach of ethics or rules.

5-312 윤리적 조화가 이루어지지 않는 경우

만일 윤리적 조화가 불가능하다면, 그리고 해결하려는 모든 시도가 바닥난 후에는 기독교 상담가는 그리스도와 해당 내담자를 위해서 해당 규칙을 위반하는 쪽을 선택할 수 있다. 그와 같은 위반의 행동은 성경적, 논리적, 임상적으로 변론이 가능해야만 하며, 가능하다면 해당 윤리의 배경 의도를 따라야만 한다.

상담가들은 (1) 위반하게 되는 해당 규칙을 가능한 최소한의 범위로 경계를 한정할 것이며, (2) 다른 모든 윤리적 명령은 존중한다고 선언할 것이며, (3) 다른 동료들에게 자문을 구하고 해당 행위의 대가를 진지하게 계산하며, (4) 윤리나 규칙을 위반한 것에 대한 모든 결과에 대해서 직면할 준비가 되어야 한다.

- **ES5-400 정부와 그 법과의 상충에 대한 해결**

5-410 예수 그리스도라는 상위의 법

기독교 상담가는 가능한 모든 양식으로 해당 법을 마땅히 존중할 의무가 있다. 그러나 해당 법이 하나님께 직접적으로 반대되는 경우에, 그리고 성경과 해당 법의 명령을 상호 조화시키는 것이 불가능한 경우에는, 우리는 기독교 상담가의 권리를 선포하고 지지하여 그리스도의 방식에 위반되는 제반 윤리와 규칙에 대해서 따르지 않는 쪽을 선택한다.

• ES5-400 Resolving Conflicts with the State and Its Laws

5-410 The Higher Law of Jesus Christ

Christian counselors are bound to honor the law in every way possible. However, when the law is in direct opposition to God, and if unable to harmonize the mandates of Scripture and the law, we declare and support the right of Christian counselors to elect nonadherence to those laws that offend the way of Christ.

5-411 First, Act to Resolve Legal Conflict

Christian counselors always seek first the peaceable and biblically-defensible resolution of disputes with the state and its laws. After proper consultation, including consulting with an attorney and with Christian counseling colleagues and leaders, we will attempt to define and advocate for a new and harmonious legal standard as an alternative to the law-offending rule at issue. This newly proposed standard will honor Christ, protects the client's best interest, and shows how the action of the new rule fulfills the intent or policy behind the law.

5-412 When Legal Harmony Is Not Reached

If harmony is not possible with the state and its laws, and

5-411 첫 번째로, 법적 상충을 해결하도록 행동한다

기독교 상담가는 언제나 정부와 그 법들과 논쟁을 평화롭고도 성경적으로 변호가 가능한 해결책을 구하려고 노력한다. 변호사와 기독교 상담 동료들과 지도자들을 포함해서 적절한 자문을 구한 이후에, 우리는 쟁점이 되는 해당 법-위반 규정에 대한 대안으로서 새롭고 조화로운 법적 기준이 무엇인지를 규정하고 그것을 옹호할 것이다. 새롭게 제안된 기준은 그리스도를 경외하고, 해당 내담자의 최선의 이익을 보호하며, 새로운 규칙에 따른 행위가 어떻게 해당 법의 배후의 의도나 정책을 충족시키는지를 보여 줄 것이다.

5-412 법적 조화가 이루어지지 않는 경우

정부와 해당 법과의 조화가 불가능하다면, 그리고 해결하려는 모든 시도가 바닥난 후에는, 기독교 상담가는 그리스도와 해당 내담자를 위해서 해당 규칙을 위반하는 쪽을 선택할 수 있다. 그와 같은 위반의 행동은 성경적, 논리적, 임상적으로 변론이 가능해야만 하며, 가능하다면 해당 법의 배경 의도나 정책을 따라야만 한다.

상담가들은 (1) 위반하게 되는 해당 법규를 가능한 최소한의 범위로 경계를 한정할 것이며, (2) 다른 모든 법적 명령은 존중한다고 선언할 것이며, (3) 다른 동료들에게 자문을 구하고 해당 행위의 대가를 진지하게 계산하며, (4) 해당 법을 위반한 것에 대한 모든 결과에 대해서 직면할 준비가 되어야 한다.

after all attempts to resolve the issue have been exhausted, Christian counselor may elect action that violates the law for the sake of Christ or the client. The violative action should be defensible biblically, logically, clinically and, if possible, by the law's intent or policy.

Counselors shall (1) define the law that cannot be respected in the narrowest form possible, (2) declare to honor all other legal mandates, (3) consult with other colleagues, including lawyers, and soberly count the cost of such action, and (4) be prepared to face any consequences that may be imposed for violation of the law.

절차상의 규칙

　　AACC의 전문 직업적이고 윤리적인 사명을 충족시키기 위해서 AACC는 소속 회원들에 대한 윤리적 고소들을 정확하게 평가하고 공정하게 심리하고 해결하기 위한 아래와 같은 절차상의 규칙들을 채택한다. 이 절차상의 규칙은 그 목적이 (1) 사회, 교회, 우리의 관계된 전문가들, 우리의 많은 내담자들과 교인들에게 AACC가 이와 같은 윤리로 생활하며 실제로 준수하기로 진지하게 헌신한다는 것을 보여 주기 위해서, (2) 우리의 회원들에게 우리가 정의와 의무 절차에 대한 자신들의 권리를 존중함으로써 자신들의 사역과 평판을 보호하는 데 진지하다는 것을 보여 주기 위해서이다. 이와 같은 규칙하에 존재하는 모든 행위에 대해서 AACC는 규칙의 해석에 따르는 모

PROCEDURAL RULES

In order to fulfill its professional and ethical mission the AACC adopts these procedural rules for accurate assessment and the fair hearing and resolution of ethical complaints against its members. These rules purpose to (1) show society, the church, our related professions, and our multitude of clients and parishioners that the AACC has a serious commitment to live by and enforce these ethics, and (2) show our members that we are serious about protecting their ministries and reputations by honoring their right to justice and due process. In any action under these rules, the AACC shall consider this ethics code, its corporate bylaws, and the mandates of Scripture in the resolution of

든 문제를 해결하는 데 있어서 이 윤리 규정과 그 조직 정관, 그리고 성경의 명령들을 고려할 것이다.

VI. AACC 법과 윤리 위원회(LEC)의 권위, 관할권, 효력

• PR6-100 LEC의 사명, 권위, 관할권

6-110 LEC 사명

AACC 법과 윤리 위원회의 사명은 기독교 상담가들 사이에서 윤리적 수행과 상담 실천의 우수성, 그리고 기독교 사역적 성결성에 있어서 최상의 수준을 유지하도록 교육하고 격려하며 돕는 것이다. 여기에는 비윤리적 수행으로부터 내담자들과 사회 전반을 보호하는 것과 AACC와 넓은 의미에서의 교회와 사회에 이 규정을 교육하고 옹호하는 것, 그리고 AACC를 그 사명에 있어서 도와 기독교 상담 분야에 통일성과 우수성을 가져다주도록 하는 것이 포함된다.

6-120 LEC 권위

LEC는 특별히 AACC 회원들에 의해서, 그리고 보다 일반적으로는 교회와 넓은 의미에서의 사회에 의해서 존중될 기독교 상담을 위한 윤리적 기준들을 공식화하고 공포할 권위를 위임 받았다. LEC나 그

any problems in rule interpretation.

VI. AUTHORITY, JURISDICTION, AND OPERATION OF THE AACC LAW AND ETHICS COMMITTEE (LEC)

- **PR6-100   Mission, Authority, and Jurisdiction of LEC**

6-110 LEC Mission

The mission of the AACC Law and Ethics Committee is to educate, encourage, and help maintain the highest levels of ethical conduct, practice excellence, and ministerial integrity among Christian counselors. This includes protecting clients and society-at-large from unethical conduct, educating and advocating this code to the AACC and the larger church and society, and to aid the AACC in its mission to bring unity and excellence to the Christian counseling field.

6-120 LEC Authority

LEC is authorized to formulate and promulgate ethical standards for Christian counseling that are to be honored by AACC

것이 지명할 모든 위원회는 AACC 회원들에 대한 윤리적 고소들을 공정하게 해결하기 위해 조사하고, 경청하며, 조취를 취할 것이다. 또한 LEC는 규칙과 절차를 채택할 권위를 가질 것이며, 필요에 따라서 LEC의 행동과 관할권 범위 내에서 모든 사람이나 문제를 다스릴 권위를 가질 것이다. 또한 LEC는 그 공식적인 조취들을 출판하고 공적으로 전달할 권위를 가질 것이며, 거기에는 해당 회원들을 향한 훈계적인 조취도 포함된다.

6-130 LEC 관할권

LEC는 AACC의 모든 회원에 대해서 개인적인 관할권을 가진다. 또한 LEC는 이 윤리 규정에 규정된 윤리적 행동과 규칙과 관련된 종속된 문제들의 관할권을 가진다. LEC는 AACC의 방향에 따라서 AACC의 성결성과 그 사명의 윤리적 성취에 영향을 미치는 모든 주제와 문제에 대해 언급할 수 있다.

6-200 윤리적 강제에 대한 일반적인 방침

6-210 윤리적 고소에 대한 태도와 방책

LEC나 AACC의 모든 회원은 AACC의 다른 회원에 대한 고소를 경청하거나 무비판적으로 수용하는 것을 거절할 것이다. 개별적으로 고소를 들은 모든 LEC나 AACC 회원은 해당 문제를 다루고 해결하

members particularly, and the church and larger society more generally. LEC, or any committee it shall designate, shall investigate, hear, and act to justly resolve ethical complaints against AACC members. LEC shall also have authority to adopt rules and procedures, as needed, to govern the conduct of LEC and any person or matter within its jurisdiction. LEC shall also have authority to publish and publicly communicate its official actions, including disciplinary actions toward its members.

6-130 LEC Jurisdiction

LEC has personal jurisdiction with any member of the AACC. LEC also has subject matter jurisdiction regarding the ethical behavior and rules defined in this Code. LEC may, by the AACC's direction, address any issue or matter that affects the Association's integrity and ethical achievement of its mission.

6-200 General Orientation to Ethical Enforcement

6-210 Attitude and Action Toward Ethical Complaints

Neither LEC nor any member of the AACC shall refuse to hear nor uncritically accept a complaint against another member of the Association. Any LEC or Association member hearing a complaint individually shall take whatever action deemed

는 데 적절하다고 생각되는 방책이라면 무엇이든지 취할 것이다. 적절하고 실행 가능한 경우라면 위반자들과의 직접적인 자문을 통해서나 지역의 동료 네트워크를 통해서, 작업함을 통해서 그와 같은 방책을 추진하고, 그 과정에서 해당 문제에 관련된 모든 사람의 비밀 보장과 평판에 대한 권리를 존중하는 데 힘쓴다.

6-211 LEC에 대한 위반을 보고하기

만일 해결 시도들이 해당 회원에 의해서 성공하지 못했거나, 해당 문제가 보다 더 심각해졌거나 개인적인 중재에 의해서는 해결될 수 없는 경우에는 해당 회원은 해당 고소인을 LEC에게 향하도록 할 수 있다.

6-220 관련된 모든 당사자에게 속한 근본적인 권리를 존중하기

만일 LEC가 반드시 AACC 회원에 반대해서 행동을 취해야만 하는 경우에는 해당 회원의 권리와 평판에 대한 존중을 유지하는 데 주의할 것이다. 이 과정에서 온전한 회원 자격으로 인해 LEC의 관할이 존중받으며, 동시에 이와 같은 가치와 목적으로부터 벗어나기 시작하는 경우에는 그것을 조사하고 경고하도록 LEC가 지지를 받을 것이다. 가능한 경우에는 언제든지 LEC는 내담자의 다양한 이익과 공동체의 보호, AACC의 성결성, 그리고 원고와 피고의 법적 윤리적 권리들과 전문 직업적 평판 사이에서 균형을 맞추며 그것들을 보호할 것이다.

appropriate to address and resolve the matter. When appropriate and feasible, this shall be done by direct consultation with violators or by working through local or regional collegial networks, taking care to honor the confidential and reputational rights of all those concerned in the matter.

6-211 Reporting Violations to LEC

If resolution attempts were unsuccessful by the member, or if the matter is more serious, or cannot be resolved by personal intervention, the member may direct the complainant to LEC.

6-220 Respecting Fundamental Rights of All Parties Involved

When LEC must act against an AACC member, it shall take care to maintain respect for the member's rights and reputation. The entire membership shall support LEC in this process, both to honor its ruling and to check and warn it when it might begin to stray from these values and purposes. Whenever possible, LEC shall balance and protect the multiple interests of client and community protection, Association integrity, and the legal and ethical rights and professional reputations of both complainants and complainees.

6-230 고소인을 향한 LEC의 의무

고소인을 향해서 LEC는 해당 고소인의 관심을 존중하고, 필요하다면 고소인으로부터 모든 내용을 경청하며, 소문과 사실을 구별하도록 노력할 것이고, 적절한 행동을 취해서 해당 문제를 최선을 다해 해결하여 그리스도를 경외하는 동시에 해당 고소인을 존중하도록 할 것이다.

6-240 피고인을 향한 LEC 의무

피고인을 향해서 LEC는 피고의 권리를 존중해서 그의 반대 진술을 경청해 주고 거기에 대해 변호하도록 하며, 해당 피고인의 전문 직업적 평판과 마땅한 절차상의 권리를 보호하고, 합리적인 시간을 주어서 고소에 대해서 올바르게 응답하도록 하며, 그에 대한 주제(들)을 논쟁이 아닌 합리적인 수준으로 좁힐 것이다. LEC는 가장 공정한 결과를 추구하고, 정의를 최소화하거나 제재를 너무 과도하게 하는 양극단을 피할 것이다.

- **PR6-300 LEC 의결에 대한 회원의 반응**

6-310 윤리 규정의 절차에 성실하게 협조한다

AACC 회원들은 AACC로 하여금 이와 같은 윤리적 기준과 규칙을 존중하고 시행하도록 돕는다. 모든 AACC 회원은 온전하고도 알맞

6-230 LEC Duties Toward the Complainant

Toward the complainant, LEC will honor his or her concerns, invite a full hearing of the complaint if needed, will seek to separate fact from rumor, and will take appropriate action to resolve the matter to the best of its ability to honor Christ and the complainant.

6-240 LEC Duties Toward the Complainee

Toward the complainee, LEC will honor his or her right to be heard and defend against allegations, will protect the complainee's professional reputation and due process rights, will invite and give reasonable time to fairly respond to a complaint, and will narrow the issue(s) to that which is reasonably beyond dispute. LEC will always pursue the most just result, avoiding the extremes of minimized justice or excessive sanction.

• PR6-300 Membership Response to LEC Action

6-310 Commitment to Cooperate with Ethics Process

AACC members assist the Association to honor and help enforce these ethical standards and rules. All members of the AACC shall cooperate fully and in a timely way with LEC and the entire ethics mission to assure the best achievement of our

은 양식으로 LEC와 그 모든 윤리 사명에 협력하여, 기독교 상담에 있어서의 우수성과 통일성을 향한 우리의 중심된 서약을 최상으로 성취하도록 확실하게 한다.

6-311 윤리 규정 절차에 대한 실패

LEC나 그 윤리 규정 절차에 어떤 방식으로든 비협조적이라 할지라도 그것으로 인해서 LEC는 그 의무 시행을 중단하지 않을 것이다. 비협조는 그 자체로 규정 위반이며 그 결과로 윤리적 제재를 받을 수 있다.

VII. AACC 회원에 대한 고소를 판결하는 절차

- PR7-100 LEC 법 시행의 일반적인 규칙들

7-110 규칙과 절차의 제작과 수정

LEC는 규칙과 절차를 채택하고 수정해서 그 관할권 내에서의 모든 문제의 수행을 관리한다. 모든 새로운 규칙이나 수정된 규칙의 승인은 반드시 LEC의 3분의 2 표를 획득해야만 하며, 국가 자문 위원단(National Advisory Board)의 다수에 의해서 비준되어야만 한다. 새로운 규칙이나 수정된 규칙이 채택될 당시에 LEC에 의해서 조사가 진

core commitment to excellence and unity in Christian counseling.

6-311 Failure to Cooperate with Ethics Process

Failure to cooperate with LEC or the ethics process in any manner shall not stop LEC from executing its duty. Failure to cooperate is itself a code violation and can result in ethical sanction.

VII. PROCEDURES FOR THE ADJUDICATION OF COMPLAINTS AGAINST AACC MEMBERS

• PR7-100 General Rules of LEC Operation

7-110 Making and Amending Rules and Procedures

LEC may adopt and amend rules and procedures to govern the conduct of any matter within its jurisdiction. Any new or amended rule must be approved by a two-thirds vote of the Committee and also be ratified by a majority of the National Advisory Board. No new or amended rule shall adversely affect the rights of a member under investigation by LEC at the time of the rules adoption.

행 중인 회원의 권리는 그 새로운 규칙이나 수정된 규칙에 의해서 불리한 영향을 받지 않을 것이다.

7-111 절차와 판결의 선택

이와 같은 윤리와 규칙에 나타나지 않은 다른 것들은 예외로 한 상태에서, LEC는 문제들을 공정하고도 효과적으로 해결하기 위해 적절한 절차를 선택할 권리를 보유하며, 일반 대중과 영향이 미치는 내담자들, AACC, 그리고 그 회원들의 이익에 균형을 맞춘다.

7-120 LEC 모임과 임원

7-121 모임의 빈도와 정족수

LEC는 필요에 따라서 일정한 간격으로 모임을 갖는다. 협의회의 소집을 통해서 직접 얼굴을 마주 대하는 모임이 대체될 수 있다. 정족수는 다수의 LEC 회원으로 구성되며, 그 회원들이 직접으로나 전화, 팩스, 편지, 혹은 기타 다른 합의된 의결 수단들에 의해서 회답을 한 경우에는 LEC에 의해서 공식적인 결정으로 인정받을 수 있다.

7-122 임원들과 하위 위원회의 선정

임원들과 하위 위원회들은 임기 중에 있는 LEC와/나 AACC 지휘부의 의결에 의해 지명될 수 있으며, LEC 회원들과 AACC 지휘부 사

7-111 Choice of Procedures and Action

Except as otherwise denoted in these ethics and rules, LEC reserves the right to choose the appropriate procedures to resolve matters justly and efficiently, balancing the interests of the general public, affected clients, the AACC, and its members.

7-120 LEC Meetings and Officers

7-121 Frequency of Meeting and Quorum

LEC shall meet at regular intervals, as needed. Conference calls can substitute for face-to-face meetings. A quorum shall consist of the majority of LEC members and official actions may be authorized by LEC when its members respond in person, by phone, by fax, by letter, or any other agreed means of action.

7-122 Selection of Officers and Sub-committees

Officers and Sub-committees may be appointed by LEC and/or AACC executive leadership action to serve terms and engage issues as are agreed among LEC members and AACC executive leadership.

7-123 Duties of the Chairperson and the Vice-chair

The Chairperson of LEC is responsible for the executive lead-

이에서 합의된 바에 따라 문제들을 다룰 수 있다.

7-123 의장과 부의장의 임무

LEC의 의장은 LEC 위원회의 지휘부에 대해서 책임이 있다. 의장은 AACC에 대한 모든 그 책임 범위 내에서 LEC의 사역과 절차를 직접 본인이나 적절하게 지명된 사람들을 통해서 지휘한다.

7-124 다수결의 규칙

이 규칙들에 의해서 다른 방식으로 지시된 경우가 아니라면(항목 7-110을 보라), 모든 LEC의 공식적 결정들은 참가 회원들의 다수표에 의해서나 다른 위임된 투표 수단에 의해서(7-121을 보라) 인가될 것이다.

7-130 LEC 절차의 공개 대 비밀 유지

LEC 모임과 활동은 LEC 회원들에게 공개적일 수도 있고, 해당 특정 문제에 관심이 있는 지명된 당사자들에게만 허락된 폐쇄적 기밀 모임일 수도 있다. 폐쇄적 모임들은 회원들이나 다른 사람들의 사적인 이익으로 인해 비밀스럽게 절차를 유지할 만한 가치가 있다는 윤리적 판결 범위 내에서 이루어진다. 다른 모든 LEC 모임은 관심이 있는 회원들 모두에게 공개된다.

ership of the Committee. He or she shall direct, in person or through appropriate designees, the work and process of LEC in all its responsibilities to the AACC. The Vice-chair shall be empowered to perform all the duties of Chair when s/he is not able to perform them, and shall perform other duties as are assigned by the Chair.

7-124 Majority Rule

Unless otherwise directed by these rules (see section 7-110 above), all official actions of LEC shall be authorized by a majority vote of its members present, or by any other authorized means of voting (see 7-121).

7-130 Open vs. Confidential LEC Process

LEC meetings and activities shall be either open to the membership or closed and confidential, with access in closed meetings given only to those designated parties with an interest in the particular matter. Closed meetings shall be done in ethical adjudications where the privacy interests of members or others deserve confidential process. All other LEC meetings may be open to any interested member.

7-131 폐쇄된 모임들에 대한 접근

LEC와 AACC는 해당 판결 과정에 도움을 얻는 데 필수적이거나 필요하다면, AACC 집행부나 다른 필요한 사람들, 전문가들, 혹은 자문 위원들을 기밀 모임들에 초대할 권리를 보유한다.

7-132 기록의 공개 대 기밀 유지

해당 회원에게 사건의 최후 공식적 처리에 대해 알리는 것과 협회와 해당 문제에 대한 당사자들이 통지/발표를 원하는 경우를 제외하고는, 회원에 불리하게 반대되는 모든 윤리적 판결에 대한 정보와 기록은 LEC에 의해 기밀을 유지한 상태로 남게 될 것이다. 만일 내담자-교인의 위험이나 공공의 복지에 대한 위험이 심각하다고 LEC에 의해서 판단되는 경우에는 위의 진술이 보다 더 심각하게 수용될 수 있다. LEC에 있어서의 모든 다른 소송과 판결 기록은 해당 회원에게 공개될 것이다.

- PR7-200 윤리적 고소 절차

7-210 고소의 수신

회원에 대한 소송들은 공식적인 고소의 수신에 의해서 시작된다. 소송은 AACC 회원들이나 비회원들 양쪽 모두로부터 수신될 수 있다.

7-131 Access to Closed Meetings

LEC and the AACC reserve the right to invite AACC executives or other desired personnel, experts, or consultants into confidential meetings, as may be necessary or desired to assist the adjudicatory process.

7-132 Open vs. Confidential Records

Except to inform the membership of final official disposition of a formal case and to assist the information/disclosure needs of the Association and the parties to the matter, all information and records of ethical adjudication against a member shall held in confidence by LEC. This may be further accepted in cases where client-parishioner risk or risk to the public welfare is judged by LEC to be significant. All other proceedings and records of LEC action shall be open to the membership.

• PR7-200 Ethical Complaint Procedures

7-210 Reception of a Complaint.

Proceedings against a member are initiated by the reception of a formal complaint, in verbal and written form, by LEC. Complaints may be received from members or nonmembers of AACC.

7-211 LEC(자발적) 소송

LEC는 만일 소송을 해야 할 충분한 증거가 있는 경우나 사소하더라도 그것을 제기한 회원이 있다면 그것에 대한 응답으로, 아니면 해당 고소 가운데에 다른 회원에게 상해를 입히려는 중요한 의도가 존재하는 경우에는 자발적으로 소송 절차를 시작할 수 있다.

7-220 고소를 제기하는 절차

회원들은 LEC나 AACC 사무실에 접촉해서 자신들의 고소를 제기하면 된다. 고소는 반드시 서면으로 개설될 것이며, 그 분량이 한 페이지를 넘지 않아야 하고, AACC 윤리나 규칙에 대한 위반이라고 혐의되는 부분과 해당 고소를 입증하는 모든 직접적인 증거나 다른 증거를 기입하도록 한다.

7-221 접수될 수 없는 고소

LEC는 익명으로 하는 고소나 비회원에 대한 고소, 혹은 맞고소의 상황에서는 소송 절차를 시작하지 않는다. 후자의 경우 LEC가 맞고소의 진행 여부를 고려할 수 있는 것은 오직 해당 최초의 고소가 완전하게 해결된 경우뿐이다.

7-222 복합적 고소

일개 회원에게 다수의 고소들이 동시에 접수된 경우에는 LEC는 그

7-211 LEC (Sua Sponte) Action.

LEC may initiate proceedings on its own when it has sufficient evidence to do so, or as a response against a member who files a frivolous complaint, or if the complainant has a primary intention to harm another member.

7-220 Procedure for Making a Complaint

Members shall contact LEC or Association offices to present their complaint. The complaint should be outlined in writing, in no more than one page initially, and note both the alleged violation of AACC ethics or rules, and any direct and other evidence the complainant has to support it.

7-221 Unacceptable Complaints.

LEC will not initiate proceedings in situations of anonymous complaints, complaints against nonmembers, or in counter complaints. In the latter case, LEC may consider whether a counter complaint has cause to proceed further only after the initial complaint is fully resolved.

7-222 Multiple Complaints

When numerous complaints against a member are received simultaneously, LEC may elect to combine them into one action

고소들을 하나의 소송으로 합병시키는 쪽을 선택할 수도 있고, 혹은 각각 별개의 것들로 다룰 수도 있다. 만일 연속적으로 소송이 제기되는 경우에는 LEC는 모든 이전의 사건 처리를 현재의 고소 처리에 같이 포함시키는 것을 고려할 수 있다.

7-230 사소하고도 보복적인 고소에 대한 경고

AACC 회원들은 증거도 없는 경솔한 신고나, 일차적으로 분노나 보복심에서 비롯된 신고, 혹은 규정을 어겼다고 혐의를 받는 사람에게 위해를 가하려는 의도에서의 신고는 하지 않는다.

- **PR7-300 LEC에 의한 고소의 판단과 최초의 소송**

7-310 소송을 계속 진행하기가 불가능한 경우

LEC는 다음의 기준들 가운데 어느 하나라도 부족한 경우에는 AACC 회원에 대한 소송을 더 이상 계속 진행할 수 없다. 만일 소송이 취소되면 LEC 역시 그 사건이 그렇게 취소되었다고 결정하고, 그 결정을 해당 고소인에게 통지하며 해당 건은 종결된다.

7-311 재판 관할권이 부족한 경우

LEC는 먼저 해당 소송에 대해 재판 관할권이 있는 여부부터 결정한다. 사람에 대한 재판 관할권이 충족되는 경우는 해당 고소가

or deal with them separately. When consecutive complaints are heard, LEC may elect to consider the disposition of any previous case against the member in its resolution of a current complaint.

7-230 Warning Against Frivolous and Vindictive Complaints

AACC members shall not make frivolous reports, without substantiation, or that are primarily motivated by anger or vindictiveness, or with an intent to harm the alleged violator. The primary motivations in reporting ethical misconduct are to protect clients and parishioners, to maintain the honor of Christ and the church, the honor of our professions, and to assist the cure and restoration of violators to ethical and effective ministry, if possible.

• PR7-300　Complaint Assessment and Initial Action by LEC

7-310 Inability to Take Further Action

Failure of any one of the following standards shall render LEC unable to take further action against an AACC member. If it is dismissed, LEC shall so rule, the complainant notified of LEC's

AACC 내의 성실한 회원에게 직접적으로 향할 때이다. 주제 문제에 대한 재판 관할권이 충족되는 경우는 AACC의 일개 회원이 전문 직업적-기독교 사역적 자격을 가지고 행동함에 있어서 잘못된 행동을 했다는 혐의를 받아 그것이 AACC 윤리 규정 기준들에 어긋날 때이다.

7-312 소송을 계속 진행할 만한 정보가 불충분한 경우

다음 단계로 LEC는 소송을 더 이상 진행하기 위해 정보가 충분한지 아닌지를 결정한다. 거기에는 반드시 (a) AACC의 윤리와 정책, 그리고 절차상의 규칙들에 대한 명백한 위반이 존재해야만 하고, (b) 해당 위반을 입증하는 정보가 반드시 충분히 무게가 있고 질적으로 충분해서 LEC가 판단했을 때 소송을 해지하기가 불가능해야만 한다.

7-313 절차나 시간상으로 한계 범위를 넘었을 경우

마지막으로, LEC는 해당 소송을 진행함에 있어서 AACC 윤리 규정에 규정된 것에 따라 적절한 절차와 시간 한계 범위를 준수해 왔는지를 사정하고 결정할 것이다.

7-320 소송을 계속 진행해야 할 이유

LEC가 판단했을 때, 만일 항목 7-310과 그 이하의 기준이 만족되는 경우에는 소송을 계속해서 진행할 이유가 존재한다고 판단할 것

decision, and the matter closed.

7-311 Lack of Jurisdiction

LEC shall first determine whether it has jurisdiction. Personal jurisdiction is met if the complaint is directed toward a member in good standing of the AACC. Subject matter jurisdiction is met when the alleged wrongdoing of a member, acting in a professional-ministerial capacity, intersects the standards of this code.

7-312 Insufficient Information to Act Further

LEC shall then determine whether it has sufficient information to take further action. There must be (a) a clear violation of the Association's ethics, policies, or procedural rules, and (b) the information supporting the violation must be of sufficient weight and quality that, in LEC's judgment, it cannot be dismissed.

7-313 Failure of Procedure or Time Limits

Finally, LEC shall determine that proper procedures and time limits have been honored in the complaint process, as defined by this code.

이다. 그런 다음에는 가장 공정하고, 회복적이며, 최소한의 비용으로 해결할 수 있도록 필요한 단계를 검토하고 결정할 것이다. 해당 문제에 즉시로 적용될 수 있는 가장 훌륭한 증거를 수집하는 동시에 불확실하고, 믿기 어렵고, 입증할 수 없는 증거는 거부될 것이다.

7-321 LEC는 해당 문제에 대해서 비공식적인 해결을 추구할 수 있다

LEC는 LEC의 의장이나 일개 위원에게 권한을 주어서 그들로 하여금 고소인과 해당 문제를 직접 다룸으로써 공정한 해결을 추구하도록 할 수 있다. 그런 경우에 그 중재자는 해당 문제를 현시점에서 종결할 것인지 아닌지를 그 권고에 대한 이유와 더불어 LEC에 권고할 수 있으며, LEC는 해당 위원의 권고를 수용할 여부와 소송을 계속 진행할 여부를 선택할 수 있다.

7-330 피고인에 대한 최초의 통지

만일 비공식적인 해결이 선택되지 않았거나 선택되었더라도 효과가 없는 경우에는 해당 위반과 그것을 입증하는 증거를 단순하고도 명료하게 아우트라인하여 질의 편지에 기록하고 거기에 LEC 의장이나 부의장이 서명한다. 이 질의 편지와 거기에 적용되는 윤리 규정과 규칙들의 복사본을 동봉하여 우편이나 LEC의 인편을 통해서 피고인에게 전달한다.

7-320 Cause for Further Action.

If, in LEC's judgment, the standard of section 7-310 and following are satisfied, then it shall rule that cause for further action exists. It shall then review and decide the steps necessary to seek the most just, restorative, and least costly resolution. It shall gather the most reputable evidence that applies to the matter at hand, rejecting evidence that is speculative, incredible, and unsupportable.

7-321 LEC May Seek Informal Resolution of the Matter.

LEC may empower the Chair or a committee to address the matter directly with the complainee to seek a just resolution. The intervener may then recommend to LEC whether or not to close the matter at this stage and the reasons for its recommendation, and LEC may elect whether or not to accept the recommendation of the committee or pursue further action.

7-330 Initial Notification to Complainee.

If informal resolution is not elected or does not work, the violations and evidence supporting it shall be simply and clearly outlined in a query letter signed by the Chair and Vice-chair of LEC. This letter and a copy of the applicable ethics and rules shall be delivered to the complainee by mail or in person by LEC.

7-331 추가적인 정보의 요청

LEC는 해당 원고나 피고, 혹은 해당 문제를 해결하도록 도울 수 있는 모든 적절한 사람으로부터 추가로 정보를 요청할 수 있다.

7-332 피고에 대한 시간과 피고로부터의 응답-고소 단계

해당 서신을 받은 후 30일 이내에 해당 피고는 자신이 받은 혐의에 대해 서면을 통해서 응답할 수 있다. 해당 피고는 반드시 자신이 직접 응답해야만 하며 제삼자를 통해서는 안 된다. LEC 의장은 정당한 이유가 있는 경우에는 이 시간 요구 조건을 보류하거나 조정할 수 있다.

7-340 증거 부족으로 인한 사건의 종결

증거가 불충분하거나 반대 증거로 인해서 해당 윤리 위반이 발생했다는 것에 본질적으로 의심이 제기되어 그것이 분명해지는 경우에는 LEC는 해당 사건을 종결할 것이다. 만일 이와 같은 종결이 실제로 일어나는 경우에는 LEC는 즉시로 원고와 피고, 양편 모두에게 그와 같은 결정과 그에 대한 이유를 통지할 것이다.

7-341 종결된 사건의 재개

증거 부족으로 종결된 사건의 경우에 원래의 고소 접수로부터 합리적인 시간 이내에 해당 문제를 재개하기에 마땅한 중요한 새로운

7-331 Requests for Additional Information.

LEC may request additional information from the complainant, the complainee, or any appropriate source to assist resolution of the matter.

7-332 Time for and Response from Complainee—Complaint Stage.

Within 30 days of reception of the letter, the complainee may respond in writing to the allegations. The complainee must respond personally and not through a third-party. The LEC Chairman may waive or adjust the time requirement if good cause is shown.

7-340 Case Closure for Insufficient Evidence.

If it becomes clear that insufficient or competing evidence raises substantial doubt about the occurrence of ethical violation, then LEC will close the case. It this action is taken, LEC shall promptly notify both complainant and complainee of its decision and reasoning.

7-341 Reopening a Closed Case

A case closed for insufficient evidence may be reopened upon the receipt of new evidence significant enough (as defined by section

증거(항목 7-310ff.에 의해 규정된 대로)가 접수된 경우에는 그 사건이 다시 재개될 수 있다.

7-342 대안적/추가적 소송이 권고될 수 있다

LEC는 사건이 종결되든지 열려 있든지 간에, 대안적이나 추가적인 행동—모든 관계된 전문 직업적 협회나 교단, 정부 자격 인증 위원회, 행정 기관, 혹은 해당 고소를 들어줄 만한 모든 다른 적절한 기관에 소개—을 권고할 권리를 보유한다.

7-350 상호 동의에 의한 사건의 해결

LEC는 해당 피고와 회복적이고도 교정적인 공식적 사전 합의를 통해서 사건의 종결을 추구할 수 있다. 토의와 기도, 상호적 논의, 그리고 협상 등을 통해서 LEC는 AACC와 그 회원 양쪽 모두에게 최상의 이익이 돌아가는 방식으로 해당 문제의 해결을 추구할 것이다.

7-351 합의의 구조

그와 같은 합의는 일반적으로 오해를 해명하거나, 올바른 행동을 지시하거나, 일정한 시간을 설정해서 윤리적 관계들과 적절한 신뢰를 회복하도록 하거나, 이와 같은 목표들에 대해서 공정하게 평가를 내리거나, 위의 사항들이 어떠한 형태로든 서로 조합되는 형태가 될 것이다. 이와 같은 합의는 거기에 LEC 의장과 해당 피고가 서명할 것

7-310 ff. above) to justify reopening the matter within a reasonable time from the reception of the original complaint.

7-342 Alternative/Supplementary Action May Be Recommended

LEC reserves the right, whether a case is closed or stays open, to recommend alternative or supplementary action—referral to any relevant professional association, denomination, state licensure board, administrative agency, or any other appropriate body to hear the complaint.

7-350 Case Resolution by Mutual Agreement.

LEC may pursue case closure through a pre-formal agreement with the complainee that is restorative and corrective. By discussion, prayer, reasoning together, and negotiation, LEC will seek to resolve the matter in a way that serves the best interests of both the AACC and its members.

7-351 Structure of Agreement

Such agreement will usually clarify misunderstandings, direct corrective action, establish a time-frame for renewal of ethical relations and proper trust, define a fair assessment of these objectives, or any combination of these things. This agreement

이며, 동시에 그것을 해당 고소와 피고, 그리고 해당 서명에 참가함으로써 동의한 사람 모두에게 공개할 것이다.

7-360 공식적으로 사건을 검토할 이유

만일 위에 규정된 것에 따라서와 LEC의 판단에 있어서 해당 문제를 계속해서 다루어야 할 충분한 이유가 존재함으로 인해 해당 문제가 종결될 수 없거나 해결될 수 없는 경우에는 LEC는 '공식적으로 사건을 검토할 이유'라고 결정하고, 규칙에 따라서 적용되는 당사자들에게 통지하고, 기도하는 마음으로 재판의 다음 단계로 넘어 가도록 한다.

- **PR7-400 공식적인 사건 검토 절차**

7-410 사건 검토를 위한 분과 위원회의 선정과 운영

LEC은 3인 분과 위원회를 구성하고, LEC의 의장이나 부의장이 그 위원회의 의장이 되도록 하여 공식적인 윤리 고소를 경청하고 해결하도록 할 것이다. 이 분과 위원회에는 충분한 권위와 필요한 자원들이 주어져서 윤리 규정과 규칙에 일치되며, 공정하고도 시의적절한 방법으로 해당 문제를 해결하도록 한다.

shall be signed by the LEC Chair and the complainee and shall be disclosed to the complainant, the complainee, and anyone else agreed to by the signatories.

7-360 Cause for Formal Case Review

If the matter cannot be closed or resolved as defined above and in the judgment of LEC sufficient cause exists to pursue the matter further, LEC shall then decide that 'cause for formal case review' exists, so shall rule, will notify the applicable parties, and then move prayerfully to the next level of adjudication.

• PR7-400 Formal Case Review Procedures

7-410 Selection and Operation of Case Review Sub-committee

LEC shall form a three-person sub-committee (sub-com), chaired by the Chair or Vice-chair, to hear and resolve a formal ethics complaint. This sub-com shall be given sufficient authority and the necessary resources to resolve the matter, consistent with these ethics and rules, in a just and timely manner. Sub-com recommendations shall be forwarded to and accepted by LEC when 2 votes of the sub-com exist.

7-411 고소장의 제시

피고는 LEC로부터 공식적인 고소장을 수령하게 될 것이며, 거기에는 혐의를 받은 행위와 관련되는 윤리 규정 항목들, 그리고 그것을 입증하는 증거가 기술될 것이다. 해당 고소장에는 피고에게 받은 혐의들에 대해서 응답할 방법과 시기가 지시될 것이다. LEC가 해당 사건을 검토하는 것에 도움이 되는 모든 입증 자료는 복사해서 해당 고소장과 함께 전송될 것이다.

7-412 피고의 시간 한계와 피고로부터의 응답―검토 단계

피고는 고소장에 기재된 날짜로부터 30일 이내에 본인이 직접 하거나 서신으로 해당 혐의에 대해서 응답한다. 피고는 반드시 고소장에 기재된 모든 지시 사항과 규칙을 준수해야만 한다. 만일 요구된 시간 규정이나 행위 사항에 대해서 연기나 철회를 얻고자 한다면, 그 모든 것에 대해서 반드시 30일 이내에 본인이 직접 하거나 서신을 통해서 신청하도록 한다. 변호사나 다른 도움을 줄 만한 사람들에게 자문을 의뢰할 수 있으며, 그와 같은 사람들은 자문을 위해서 해당 사건 심리에 참석할 수는 있지만, 해당 심리 가운데서는 자문을 의뢰한 피고에게 직접적으로 말할 수는 없다―해당 입장 대변 진술은 반드시 해당 피고에 의해서 직접적으로 이루어져야만 한다.

7-411 **Presentation of a Charge Letter**

The complainee shall receive a formal charge letter from LEC, detailing the alleged wrongdoing, the specific code sections implicated, and the supporting evidence. The letter shall instruct the complainee as to the manner and time for response to allegations. Any supporting materials that LEC will use to assist its review shall be copied and sent with the letter.

7-412 **Time for and Response from Complainee—Review Stage**

The complainee has 30 days from the letter date to respond to the allegations, either in person or in writing. The complainee must follow all charge letter instructions and rules. Any waiver of time and action requirements must be made, in person or in writing, within the 30-day time frame. Legal counsel or other help may be consulted and can attend the case hearing for consultation but cannot speak directly for his or her client at the hearing—this representation must be done directly by the complainee.

7-420 **Documentation, Review of the Evidence, and Recommendations**

Additional documentation may be sent to LEC by the com-

7-420 서류와 해당 증거의 검토, 그리고 권고

추가적인 서류가 있다면 해당 피고는 30일 이내에 LEC에 그것을 보낼 수 있다. LEC는 서류를 받은 30일 이내에 수신한 모든 추가적인 정보를 해당 피고에게 회송할 것이다. LEC는 고소장에 기재된 날짜로부터 120일 이내에 해당 사건을 검토하고 판결을 내릴 것이다. 해당 분과 위원회와 이 결정에 대해 통지 받은 적절한 당사자들은 네 장의 권고장을 만들고 그 가운데 하나를 LEC에 보낼 것이다.

7-421 고소의 취소를 권고

만일 해당 분과 위원회가 (1) 규정 위반에 대해서 아무런 증거를 발견하지 못했거나 아주 미약한 경우나, (2) 판단을 공지할 만한 증거가 불충분하거나, (3) 경미한 위반이면서 동시에 그것을 교정했거나 현재 교정하는 과정 중에 있는 경우에는 LEC는 해당 고소(들)의 취소를 권고할 것이다.

7-422 교육과 교정의 권고

만일 해당 분과 위원회가 보다 그 이상의 무거운 위반을 발견했거나 매우 심각하지는 않지만 반복적인 위반을 발견하였지만, 거기에 대한 상당한 교정의 증거가 존재하는 경우에는 해당 피고로 하여금 교육을 받도록 하거나 해당 위반을 벌충하도록 권고하는 쪽을 선택할 수 있다. 그와 같은 판결의 통지는 오직 해당 피고와 원고에게만

plainee within the 30-day period. LEC will, within this 30-day period, forward any additional information it receives to the complainee. LEC will review the case and render a judgment no later than 120 days from the date of the charge letter. One of four recommendations will be made to LEC by the sub-com and the appropriate parties notified of this decision.

7-421 Recommendation to Dismiss Charges

If the sub-com finds (1) no evidence or very weak evidence of violation, or (2) has insufficient evidence to render an informed judgment, or (3) finds a slight violation that has been or is in process of being corrected, it shall recommend that LEC dismiss the charge(s).

7-422 Recommendation to Educate and Repair

If the sub-com finds a more weighty violation, or a pattern of violation that is not too serious, and there is evidence of some correction, it may elect to recommend the complainee educate him or herself and repair the violation. Notification of such action will be communicated to the complainee and complainant only.

전달될 것이다.

7-423 징계와 정직의 권고

만일 해당 분과 위원회가 그 이상의 심각한 위반을 발견했거나 지속적으로 위반이 반복되는 중에 아무런 개선의 노력이 시작되지는 않았지만, 교정 가능성이나 회복하려는 실천이 상당한 경우에는 LEC는 해당 회원에게, 복직 가능성에 대한 설명과 함께 징계와 정직을 권고할 수 있다. 그와 같은 판결은 관련된 해당 위반들과 더불어 공식적인 공표의 형식으로 AACC에 전달될 것이다.

7-424 회원 자격을 취소하는 권고

만일 해당 분과 위원회가 매우 심각한 위반을 발견했거나 지속적으로 일련의 심각한 위반이 발견되었고, 특별히 개선에 대한 요구까지 받은 후에도 그리하였으며, (해당 위반으로 인한 상해 정도와 비교해서) 그에 대한 교정 가능성도 미약하고 중요하게 생각하지도 않는 경우에는 해당 분과 위원회는 LEC에 AACC 회원의 자격을 취소시킬 것을 권고할 수 있다. 그와 같은 판결은 관련된 해당 위반들과 더불어 공식적인 공표의 형식으로 AACC에 전달될 것이다.

7-425 협의에 의한 회원의 사임

AACC의 회원은 자신의 회원 자격을 포기하는 쪽을 선택할 수 있

7-423 Recommendation to Reprimand and Suspend

If the sub-com finds a more serious violation, or a pattern of continuing violations with no repair started, but the likelihood of correction and restored practice is significant, it may recommend that LEC reprimand and suspend the member, with instructions for possible reinstatement. Such action, and the violations related to it, will be communicated to AACC members in official publications.

7-424 Recommendation to Terminate Membership

If the sub-com finds a very serious violation, or a pattern of continuing serious violations, especially after being challenged to change, and the likelihood of correction or value of it is slight (compared to the harm done), it may recommend to LEC that membership in the AACC be terminated. Such action, and the violations related to it, will be communicated to AACC members in official publications.

7-425 Agreed Resignation of Member

A member of the AACC may elect to resign his or her membership, or LEC may elect to offer such resignation to the member prior to termination of membership. Such action, and the violations related to it, will be communicated to AACC mem-

으며, 혹은 LEC는 회원 자격이 취소되기 이전에 해당 회원에게 그와 같은 회원 자격의 포기를 제안하는 쪽을 선택할 수 있다. 그와 같은 판결은 관련된 해당 위반들과 더불어 공식적인 공표의 형식으로 AACC에 전달될 것이다.

7-430 LEC의 최종 판결

LEC는 해당 분과 위원회로부터 사건 처리에 대한 권고를 경청하고 수용할 것이다. LEC 판결은 해당 분과 위원회의 권고들을 쫓아 충분한 정보와 훈령을 포함시켜서 LEC의 판결에 선고된 목적들을 만족스럽게 성취하도록 한다. 자격 취소의 경우를 제외하고는 LEC에 의한 모든 판결은 이 시점을 기준으로 최종적인 것이 되며, 이어지는 항소는 없다.

7-431 제한적으로 분과 위원회의 권고를 수정하는 재량권

LEC는 만일 해당 분과 위원회의 권고들을 제한적으로 수정하는 재량권을 발효하는 것이 보다 공정하고 회복적인 결과를 산출할 수 있는 좋은 이유가 존재하는 경우에는 그와 같은 재량권을 발효하도록 한다. 이와 같은 재량권은 오직 LEC 회원들 사이에서 그와 같은 변화에 대한 일반적인 동의가 존재하는 경우에만 제한적으로 사용될 것이다.

bers in official publications.

7-430 Final Ruling of the Law and Ethics Committee

Recommendations for case disposition from the sub-com shall be heard and accepted by LEC. LEC rulings, tracking the recommendations of the sub-com, shall include sufficient information and instruction to satisfactorily achieve the stated objectives of the LEC ruling. Except in the case of termination of membership, all rulings by LEC at this stage shall be final, with no consequent appeal.

7-431 Limited Discretion to Modify Sub-committee Recommendations

LEC shall retain limited discretion to modify the recommendations of the sub-com if there is good reason to find that such change will yield a more just and restorative outcome. This discretion shall be used sparingly, and only in cases where there is a general consensus for such change among LEC members.

• PR7-500 공식적인 항소 심리 절차

7-510 피고의 공식적인 항소 선택—자격 취소 사건에 한함

LEC의 판결에 대한 항소는 오직 AACC 회원의 자격이 취소된 사건에 대해서만 허락된다.

7-511 시간과 증거 제시

LEC와 해당 피고는 원래의 판결을 이끌어 낸 동일한 자료들을 받아서 거기서부터 논의를 시작하며, 거기에 해당 항소를 지지하는 데 필요하다고 간주되는 모든 추가적인 자료를 더한다. LEC와 해당 피고 양편 모두에 의해서 모든 관계 자료를 받은 후 30일 이내에는 아무런 심리 공판도 개최되지 않는다.

7-512 LEC는 의장이나 부의장에 의해서 입장이 대변된다

LEC의 의장이나 부의장이 LEC의 입장을 대변할 것이다 (다른 사람들은 항소인단 측에 자리한다). 대표가 된 의장이나 부의장은 LEC 판결을 지지하는 항소인단에게 해당 사건을 논증할 책임이 있다.

7-520 공식적인 항소 심리의 기준과 운영

항소인단에게 가장 편리한 하루에 한 장소에서 오직 하나의 항소 심리만 다루도록 하며, 거기서 나오는 판결은 해당 사건과 관계된 모든

• PR7-500 Formal Appeal Hearing Procedures

7-510 Complainee Election of Formal Appeal—Termination Cases Only

Appeal of rulings by LEC shall be allowed only in case of termination of AACC membership.

7-511 Time and Documentation

Both LEC and the complainee shall receive and argue from the same materials that formed the original judgment, plus any additional materials that are deemed necessary to support the appellate challenge. No hearing will take place within 30 days of the receipt of all relevant documents by both LEC and the complainee.

7-512 LEC Represented by the Chair or Vice-chair

LEC shall be represented by the Chair or Vice-chair of LEC (the other will sit on the appeals panel). They shall be responsible for arguing the case to the appeals panel to support the LEC ruling.

7-520 Standards and Conduct of the Formal Appeal Hearing

There shall one appeals hearing only, on a date and at a place that is most convenient for the appeals panel, whose ruling shall

문제에 대한 최종적인 판결이 될 것이다. 항소인단은 해당 항소를 검토하고 해당 항소 심리 날짜로부터 30일 이내에 판결을 내릴 것이다.

7-521 항소인단

항소는 5명으로 구성된 위원단에 의해 경청될 것이며, 그 위원단에는 LEC 의장이나 부의장(둘 가운데 해당 항소에서 LEC의 입장을 대변하지 않는 사람으로) 가운데 한 사람과 적어도 2명 이상의 LEC 회원이 포함되어 있어야 한다.

7-522 항소의 기준—불공정한 결과

만일 해당 피고가 (1) 해당 분과 위원단이나 그 분과 위원단 가운데 한 명이 해당 피고에게 해를 끼치겠다는 명백한 의도를 보였거나, (2) 사실을 잘못 밝힌 것이 명백하거나 해당 윤리 규정에 대한 적용이 명백하게 잘못된 경우, 혹은 (3) 자격 취소의 판결이 확실히 과도하고 동시에 징벌적이라는 실질적인 증거를 제시한 경우에는 항소인단은 반드시 회원 자격 취소에 상반되는 다른 판결을 내려야만 한다.

7-523 스스로나 변호사에 의한 입장 변호

해당 피고는 모든 항소 심리에 있어서 스스로 입장을 밝히고 말할 것이다. 하지만 해당 피고는 해당 심리 이전과 심리 동안에 변호사나 다른 변호인을 고용해서 피고 자신을 돕도록 할 수도 있다.

be final as to all matters concerning the case. The appeals panel will review the appeal and render a judgment no later than 30 days from the date of the appeals hearing.

7-521 The Appeals Panel

Appeals shall be heard by a five-person panel, consisting of the LEC Chair or Vice-chair (whoever is not representing LEC in the appeal) and at least two other LEC members (not those hearing the original action). Other panel members, if needed, shall be invited from the National Advisory Board.

7-522 The Appeals Standard—Unjust Result

The appellate panel must rule against the termination of membership if the complainee can show substantial evidence that (1) the sub-com panel or a member of it showed a clear intent to harm the complainee, or (2) that findings of fact or application of the ethics code were clearly erroneous, or (3) the application of termination was a clearly excessive and punitive sanction.

7-523 Representation by Self or with Legal Counsel

The complainee shall represent and speak for him or herself in all appellate actions, though they may choose to retain legal or other counsel who may help the complainee before and dur-

7-524 AACC에 의한 변호사의 고용

LEC는 변호사나 필요하다고 판단되는 모든 다른 전문가를 고용할 수 있다.

7-530 항소인단의 최후 명령

항소인단이 이전의 LEC 판결을 확정 유지하거나 그것을 뒤집는 판결을 내리기 위해서는 적어도 3표 이상이 필요하다. 해당 판결을 확정 유지하는 것을 통해서 AACC에 있어서의 해당 문제는 종결된다. 뒤집는 판결이 내려지면, 원판결은 취소되고 해당 분과 위원회에 적어도 2명의 새로운 위원이 교체된 상태에서 새롭게 사건을 검토 심리하도록 명하는 쪽으로 진행된다.

VIII. 교회, 법원, 그리고 다른 단체에 의해 내려진 판결을 순종하는 절차

- PR8-100 LEC는 독립적으로나 다른 이들과 더불어 판결할 권한이 있다

8-110 소송이나 자격 취소, 혹은 LEC에 의한 판결에 장애가 되지 않는 다른 징계적 판결

LEC는 심지어는 해당 회원이 동일하거나 유사한 문제로 인해서 소

ing the hearing.

7-524 Retention of Legal Counsel by the AACC

LEC may elect to retain legal counsel, or any other expert help it deems necessary.

7-530 Final Order of the Appeals Panel

The appeals panel shall rule, by at least 3 votes, either to uphold the prior LEC ruling or to reverse it. Upholding the rule will end the matter for the AACC. A reversal will lead to a dismissal of the prior ruling and an order for a new case review hearing with at least 2 new panel members on the sub-committee.

VIII. PROCEDURES FOLLOWING ACTION BY CHURCHES, COURTS, AND OTHER BODIES

- **PR8-100 LEC Authorized to Act Independently or With Others**

8-110 Litigation, License Revocation, or Other Disciplinary Action Not a Bar to Action by LEC

LEC reserves the right to proceed with an ethics action even if

송이나 자격 취소, 혹은 다른 징계적 판결에 관련되었다 할지라도, 윤리적 판결을 계속 진행할 권리를 보유한다.

8-111 LEC의 사건 처리를 해결 과정에 있는 것으로의 선택

LEC는 다른 법적이나 징계적 재판에 있어서의 사건 처리가 완료될 때까지 윤리적 판결을 일시적으로 연기할 권리를 보유한다. 해당 판결이 시작되거나 재개되기 전까지 LEC가 판결을 연기했다고 해서 관할권이 보류되는 일은 어떤 경우에도 없을 것이며, 항시 있던 강제력이 일시적으로 연기되는 것이다.

8-112 다른 단체에 관할권을 넘기거나 이양하기

LEC는 판결을 위해서 사건을 다른 인정된 단체에 이양할 권리가 있으며, 다른 재판소와 협력하거나 같이 일할 권리가 있다. 다른 단체에 이양하는 모든 경우에 있어서도 LEC의 관할권이 보류되는 일은 없을 것이며, 동시에 LEC가 자신의 이양과 관련해서 소송상의 제약도 받지 않는다.

- **PR8-200 사유 제시 심리의 근거와 절차**

8-210 사유 제시 심리에 대한 다섯 가지 근거

AACC의 회원은 자신이 자신의 전문 직업적이나 기독교 사역적 업

the member is engaged in litigation, license revocation, or other disciplinary action for the same or similar issues.

8-111 LEC Election to Stay Process Pending Resolution

LEC reserves the right to suspend an ethics action until case disposition in another legal or disciplinary forum is completed. Any delay in action by LEC shall not waive jurisdiction and any time constraints shall be suspended until the action is begun or resumed.

8-112 Retention and Referral of Jurisdiction to Other Bodies

LEC reserves the right to refer a case to another recognized body for action, and to cooperate or work jointly with another tribunal. Any referral to another body shall not constitute waiver of jurisdiction by LEC, nor shall LEC be barred from acting on its own following referral.

• PR8-200 Bases for and Procedure of a Show Cause Hearing

8-210 Five Bases for a Show Cause Hearing

An AACC member may be directed by LEC to show cause why official action by LEC should not be taken if the member is

무와 관련해서 (1) 범죄적인 위반을 판결 받거나, (2) 위법적인 판결, (3) 위법적으로 25,000달러나 그 이상의 합의 판결, (4) 자격 취소 판결이나 일시 정지 판결, (5) 교회나, 교단, 혹은 기타 다른 공식적인 조직체로부터의 제명이나 자격의 일시 정지, 혹은 안수의 취소 등과 같은 형태로 실질적으로 잘못된 행위를 저질렀다고 선고를 받은 경우에는 LEC는 LEC에 의한 공식적인 판결이 어떤 이유에 의해서 지켜지지 않는지에 대한 사유를 제시하도록 해당 회원에게 지시할 수 있다.

8-220 LEC의 통지와 회원의 응답

LEC로부터 사유 제시 편지를 수령한 경우에, 해당 회원은 편지에 기재된 날짜로부터 30일 이내에 응답할 것이다. 해당 회원은 사유를 제시할 수 있으며, 그 근거는 불공정한 결과 기준이나(항목 7-522를 보라), 소송 절차 어딘가에 있어서 마땅히 이루어져야 할 절차가 제대로 이루어지지 않았을 때이다.

8-230 이전의 소송과 권고의 검토

LEC 의장이나 부의장은 해당 증거와 이전의 소송 절차를 검토하여 그 판결에 이의를 제기할 만한 타당한 사유가 존재하는지의 여부를 결정한다. 만일 존재한다면, AACC 윤리 규정의 절차에 따라서 공과에 대해 공식적인 사건 검토를 시작할 것이 권고된다. 만일 사유가

sanctioned for misbehavior substantially related to his or her professional or ministerial tasks, in the form of (1) conviction of a criminal offense, (2) a malpractice judgment, (3) a malpractice settlement of $25,000 or more, (4) a license revocation or suspension action, or (5) any church, denominational, or any other official organizational act of expulsion, suspension, or de-ordination.

8-220 Notice by LEC and Response of Member

Upon receipt from LEC of a show cause letter, the member will have 30 days from the letter date in which to respond. The member may show cause based on either the unjust result standard (see section 7-522 above), or the lack of due process in the other proceeding.

8-230 Review of Prior Action and Recommendation

The LEC Chair or Vice-chair will review the evidence and prior proceeding and determine whether just cause exists to challenge its rule. If so, a recommendation will be made to start a formal case review on the merits according to the procedures of this code. If cause is not shown, a recommendation of termination of membership will be made based of the finding of the prior proceeding.

나타나지 않으면, 이전의 소송 절차에서 발견되었던 것에 근거하여 회원 자격을 종결시킬 것이 권고된다.

8-231 사직 요구

AACC와 그 회원들은 회원의 사직을 요구하거나 사직에 동의할 수 있다. 자격이 취소되든 스스로의 사직이든 간에, 그 결과는 AACC의 공식적인 간행물에 공표될 것이다.

8-240 LEC의 최종 명령

사건 종결에 대한 권고는 LEC에 의해서 경청되고 수용된다. 이와 같은 권고에 따라서 LEC 판결에는 충분한 정보와 훈령이 포함될 것이며 그것을 통해서 LEC 판결에 진술된 목적들을 만족스럽게 성취하도록 한다. 사유 제시 심리에 있는 모든 LEC에 의한 판결은 최종적인 것이 되며, 이어지는 항소는 없다.

8-231 Stipulated Resignations

The AACC and the member may stipulate and agree on the resignation of the member. Whether termination or resignation, the result will be published in official AACC publications.

8-240 Final Order of the Law and Ethics Committee

Recommendations for case disposition shall be heard and accepted by LEC. LEC rulings, tracking these recommendations, shall include sufficient information and instruction to satisfactorily achieve the stated objectives of the LEC ruling. All rulings by LEC in a show cause hearing shall be final, with no consequent appeal.

격려사

우리의 모든 상담과 돕는 노력에 있어서 하나님께 영광이 돌려지며, 성령께서 초청되시고, 예수 그리스도께서 드러나시기를 기원하는 바이다. 만일 그렇게 된다면, 우리의 내담자들과 교인들에게는 복이 임할 것이며 해를 받지 않을 것이고, 그들의 상처가 치유될 것이며, 그들의 죄가 사함을 받을 것이고, 미래에 대해 소망을 가지게 될 것이다. 만일 그렇게 된다면, 우리는 기이한—결코 쇠하거나 상하지 않는— 사건에 참여하게 될 것이며, 기독교 상담에 탁월하고도 윤리적으로 정결하라는 우리를 향한 그 소명을 완수하게 될 것이다.

이상 2004 윤리 규정 최종판

FINAL ENCOURAGEMENT

May God be exalted, the Holy Spirit invited, and Jesus Christ be seen in all of our counseling and helping endeavors. If done, our clients and parishioners will be blessed and not harmed, their wounds will be healed, their sins forgiven, and they will be given hope for the future. If done, we will participate in a wonderful adventure—one that will likely never grow old or stale—and we will fulfill our call to excellence and ethical integrity in Christian counseling.

End of the 2004 Final Code

사명선언문

너희가 흠이 없고 순전하여……세상에서 그들 가운데 빛들로
나타내며 생명의 말씀을 밝혀 _ 빌 2:15-16

1. 생명을 담겠습니다
만드는 책에 주님 주신 생명을 담겠습니다.
그 책으로 복음을 선포하겠습니다.

2. 말씀을 밝히겠습니다
생명의 근본은 말씀입니다.
말씀을 밝혀 성도와 교회의 성장을 돕겠습니다.

3. 빛이 되겠습니다
시대와 영혼의 어두움을 밝혀 주님 앞으로 이끄는
빛이 되는 책을 만들겠습니다.

4. 순전히 행하겠습니다
책을 만들고 전하는 일과 경영하는 일에 부끄러움이 없는
정직함으로 행하겠습니다.

5. 끝까지 전파하겠습니다
모든 사람에게, 땅 끝까지, 주님 오시는 그날까지
복음을 전하는 사명을 다하겠습니다.

서점 안내

광화문점　종로구 신문로 1가 58-1 구세군 회관 2층(110-061)
　　　　　　Tel 02)737-2288 | Fax 02)737-4623

강 남 점　서초구 잠원동 75-19 반포쇼핑타운 3동 2층 전관(137-909)
　　　　　　Tel 02) 595-1211 | Fax 02) 595-3549

구 로 점　구로구 구로 3동 1123-1 3층(152-880)
　　　　　　Tel 02) 858-8744 | Fax 02) 838-0653

노 원 점　노원구 상계동 749-4 삼봉빌딩 지하(139-200)
　　　　　　Tel 02) 938-7979 | Fax 02) 3391-6169

분 당 점　경기도 성남시 분당구 서현동 273-1 대현빌딩 3층(463-824)
　　　　　　Tel 031) 707-5566 | Fax 031) 707-4999

신 촌 점　마포구 노고산동 107-1 동인빌딩 8층(121-806)
　　　　　　Tel 02) 702-1411 | Fax 02) 702-1131

일 산 점　경기도 고양시 일산구 주엽동 83번지 레이크타운 지하 1층(411-370)
　　　　　　Tel 031) 916-8787 | Fax 031) 916-8788

의정부점　경기도 의정부시 금오동 470-4 성산타워 3층(484-010)
　　　　　　Tel 031) 845-0600 | Fax 031) 852-6930

인터넷서점　 www.lifebook.co.kr